제 2 판

상업정보교과교재 및 연구법

안범진 · 구교봉

탑북스

머리말

교육은 학생의 인격 향상을 위해 교사가 의도적으로 지도하여 학생이 이에 반응을 나타내도록 하는 정신적 상호작용이라고 할 수 있다. 교육은 교육의 목표를 달성하기 위하여 그에 알맞은 교육과정을 설정하여야 된다.

교육에 있어서 수업은 교사와 학생, 수업매체들이 상호작용하여 수업이 진행되고 결과를 도출한다. 이런 측면에서 볼 때 훌륭한 수업은 잘 구성된 수업지도안이 중요하다고 할 수 있고, 아울러 교사의 충분한 수업내용을 파악하고 학생들과 교감이 되어 이해할 수 있도록 열정적인 활동이 필요하다. 아울러 교사가 아무리 열정적으로 교수활동을 하더라도 학습자가 준비가 되어 있지 않으면 올바른 결과를 도출할 수 없다.

그리고 교사가 자기 맡은 학급을 어떻게 경영하는가에 학급의 분위기와 학생들의 학교생활 자체가 다르게 나타날 것이다. 그러므로 교사는 학생들은 충분히 파악하여 학생 개개인에게 적합한 생활지도와 진로상담을 통해 학생의 적성에 맞는 대학전공과 직업선택이 가능하도록 조력자의 역할을 해야 한다.

이런 맥락에서 본서는 수업지도안의 작성법과 교사로서의 역할, 생활지도, 수업평가, 학급경영에 대한 내용을 바탕으로 하고 있다.

그리고 본서는 11장으로 구성되어 있으며, 각 장별 내용을 정리하면 다음과 같다.

제1장은 상업정보 교과의 학습지도로 학습지도법, 학습원리 등으로 구성되어 있다.

제2장은 학습지도안 작성으로 학습지도안의 개요, 학습지도안의 형식으로 구성되어 있다.

제3장은 교사론으로 교사의 개념, 교사의 자질, 교원의 윤리강령으로 구성되어 있다.

제4장은 생활지도로 생활지도의 개요, 생활지도의 내용, 생활지도 활동의 유형으로 구성되어 있다.

제5장은 수업 및 수업평가로 수업의 개요, 수업의 절차, 수업평가로 구성되어 있다.

제6장은 학급경영과 지도로 학급경영의 의의와 원리, 학급영영계획과 평가로 구성되어 있다.

제7장은 상업정보 교육의 학습평가로 수행평가, 지식 이해의 평가방법 등으로 구성되어 있다.

제8장은 열린 모형의 학습계획 지도안의 사례로 상업과 교육과정의 이해, 열린교육의 이론, 학습지도계획 등으로 구성되어 있다.

제9장은 자기주도적 학습의 학습계획 지도안으로 상업과 교육과정 분석, 자기주도적 학습의 이론, 회계원리 교과 교육활동계획 등으로 구성되어 있다.

제10장은 상업경제과 학습계획지도안으로 상업계 고등학교의 교육과정, 학습지도계획 등으로 구성되어 있다.

제11장은 교생실습으로 교생실습, 교생실습의 학습지도안 사례, 현장실습일지 등으로 구성되어 있다.

상업정보교육의 자료가 많지 않으며 아울러 최신의 자료는 더욱 많지 않아 집필과정에서 상당이 미비한 점을 느끼고 이 분야를 연구하신 여러분들의 수많은 진심어린 질책과 충고를 받아들여 많은 보완과 수정이 필요하다고 생각한다.

끝으로 본서가 발간되기까지 어려운 여건 속에서도 배려해 주신 탑북스 김광식 사장님과 원고 교정에 많은 도움을 주신 분들께 감사의 글을 전하는 바이다.

2021년 8월

저자 일동

차 례

제1장 상업정보 교과의 학습지도

제3장 교 사 론

제4장 생활지도

제7장 상업정보 교육의 학습평가

제8장 열린 모형의 학습계획지도안

제9장 자기주도적 학습의 학습계획지도안

제10장 상업경제과 학습계획지도안

제11장 교생실습

제 1 장

상업정보 교과의 학습지도

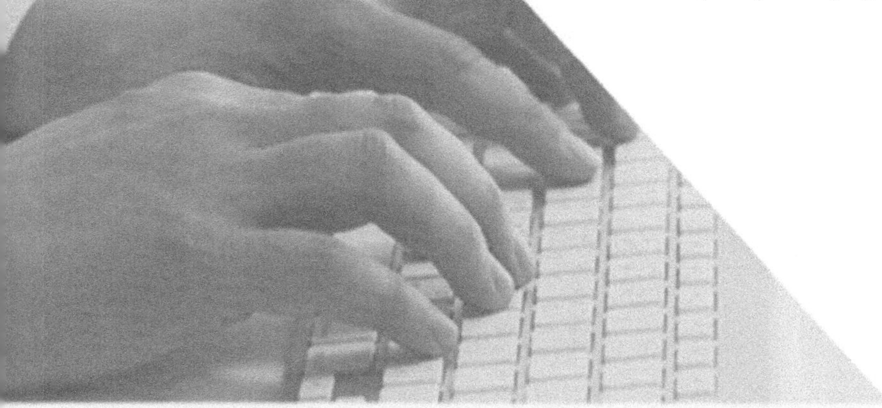

제 1 장
상업정보 교과의 학습지도

제1절 상업정보 학습지도의 기초

1. 상업정보 학습지도의 기초자세

교사의 직무에는 학습지도, 생활지도, 교실경영 등이 있으며, 그 중심적 지위를 차지하는 것은 학습지도이다. 그러므로 상업계 고등학교 교사로서 학습지도에 대한 기본자세를 살펴보고자 한다. 상업계 고등학교의 상업교과는 전문교과이므로 교과내용에 관계되는 이론과 실무에 대한 발전과 변화가 매우 현저하다. 또한, 상업교육을 받는 학생의 소질 등에 있어서도 최근에 상급학교 진학률의 상승 등에 의해 차차 변화되고 있다. 그래서 상업과 교사는 각자의 전문분야의 교육에 관한 뛰어난 학식과 왕성한 연구의욕이 요망된다.

첫째, 학습내용의 연구는 급격히 변화되는 경제사회의 양상, 특히 비즈니스 분야의 변화동향을 명확히 파악하여야 하며 학생들이 변화에 적응하는 생애학습의 기초가 되는 기초적이고 기본적인 내용을 연구하는 것이 매우 중요하다.

둘째, 학습지도법의 연구는 학습지도에 있어서는 무엇보다도 학습의욕의 환기가 매우 중요한 것이지만 상업계 고등학교 학생 가운데에는 학습상 부적응 상황에 있는 학생이 있다. 이러한 학생들을 자주적 · 자발적 학습의욕을 갖도록 유도하여 충실한 학습체험을 할 수 있도록 하기 위해서는 수업의 개선이 급선무이며 효과적 · 능률적인 학습지도법의 연구가 되어야 한다.

셋째, 학습평가의 연구는 학생들의 학습도달도를 평가하는 주된 목적은 학생들의 학습의욕을 자극하여 향상시키는 데 있으므로 교사자신의 평가에도 관계가 있다. 평가 자료를 검토함으로써 학습내용을 조정하기도 하고 학습지도법을 개선하여 수업에 반영함으로써 학습 성과를 향상시키는 데 유효하게 활용하기 위해서는 평가법에 대한 연구가 중요하다. 이와 같이 상업과 교사로서의 직무에 대한 연수가 중요하며 개인적인 연수 이외에 학교내외의 조직적인 연수에도 참가하도록 해야 한다.

2. 상업정보 학습지도의 기본적 성격

학습이 수업에 있어서 학생의 활동인 데 반해 학습지도는 수업에 대한 교사의 활동을 의미한다. 그런데 수업은 학습지도와 학습과의 상호작용의 과정으로서 전개해야 한다.

학습지도는 옛날부터 교수라는 말로서 사용되고 있다. 그러나 양자에 있어서는 단지 어감상 차이뿐만 아니라 실질적인 활용내용에 있어서도 차이가 있다. 즉, 학습지도란 학생들의 중요한 활동이며, 교사는 학생들의 활동에 대해 필요한 지도조언을 하는 것이며, 이에 대해 교수란 학생들이 수동적인 입장에 있으며 교사가 중요한 활동을 하는 것이다. 그러므로 수업단계에 있어서 교사가 중요한 활동을 행하는 것이지만 본질적으로 학생들이 주체적인 행동을 해야 하는 것이 학습지도방법이며, 교사가 주체적인 행동을 해야 하는 것이 교수방법인 것이다.

교수의 의미를 위와 같이 해석하는 경우 수업은 교사주체로 행해지며 교사에 의한 지식의 전달, 주입적인 활동, 즉 교수가 지배적인 것이다. 교수와 학습과정에서 학생은 수동적인 기억에 의한 학습을 주로 하며 원래 학습지도가 지향하는 자주적·자발적인 학습, 또는 발견적·창조적인 학습을 가능하게 하는 여지가 극히 적다.

제2차 세계대전 후 교육계에는 미국의 진보주의의 교육이론을 배경으로 하는 학습지도법이 도입되었다. 그 기본적 성격은 학생의 개인차를 파악하여 학생의 능력, 적성, 경험, 흥미, 욕구 등에 따라 학습동기를 학생의 자주성, 자발성에 의한 주체적·체험적 학습을 통해 발견적·창조적인 학습으로 발전시켜 학생들이 서로 협력하여 학습을 하는 가운데 효과적·능률적인 학습목표의 달성을 지도하기 위해 교사들이 측면에서 원조하는 것이다. 그러므로 교수는 교사가 학생에 대해 교수하는 상하의 권위관계에 대해 수업이 전개되는 것이지만, 학습지도의 경우 교사와 학생 및 학생과 학생과의 학습상 협력관계가 됨으로써 수업이 성립하게 된다.

3. 상업정보 학습지도의 기본원칙

상업과 학습지도를 효과적·능률적으로 행함으로써 교육의 성과를 교육실천 중에서 생기게 하는 것이 매우 중요하다. 이와 같은 성과가 학습지도의 기본원칙 중에서 상업과 학습지도에 관계가 깊은 사항은 다음과 같다.

첫째, 개인차의 원칙이다.

학습은 학생의 개인차에 따라 행해지므로 그 결과도 개인차가 명백히 나타나는 사실을 인식하여 학습지도를 해야 한다. 상업정보 교육을 받게 되는 학생에 대해서도 당연히 능력, 적성, 경험, 흥미, 욕구 등의 개인차가 존재하는 것이므로 학생 개개인에 대해 개인차를 정확하게 파악하고 유의하여 학습지도를 해야 한다. 특히 상업계 학교에 대해 과목의 선택이나 학과간 이동에 대해서도 적절한 지도조언이 필요하다. 그리고 학생의 능력, 적성 등이 최대한 신장되도록 개성을 존중하는 학습지도를 하는 것이 매우 중요하다.

둘째, 자발성·창조성의 원칙이다.

학습은 말할 것도 없이 학생 스스로 학습하도록 하는 자발성에 따라 해야 한다. 이와 같은 자발성을 양성하도록 하는 학습지도가 필요한 것이다. 또한, 단지 기성의 지식이나 기술을 습득하려고만 하지 말고 이것을 기반으로 주체적·체험적인 학습을 통해 과학적 사고력을 양성해야 한다. 새로운 문제해결능력을 육성하는 등 창조성을 배양하도록 하는 학습지도를 해야 할 필요가 있다.

자발성에 관한 상업과 학습내용에는 학생에 따라 경험하지 않는 것도 많기 때문에 학생의 흥미와 관심을 유발하는 자발적인 학습의욕을 환기시키기 위해 충분한 배려가 필요하다. 오늘날 고등학생들은 학교, 학과에 불만을 가진 사람도 있다. 상업학과 학생들의 부적응의 원인 중에는 진학동기가 높은 비율을 나타내고 있다. 그러므로 상업학과에 있어서 전문교과의 학습지도에 대한 학생의 흥미, 관심을 유발시켜 자발성을 환기시켜 주는 것이 교사들의 중요한 과제이며, 원활한 학습동기를 유발해야 한다.

셋째, 사회화의 원칙이다.

상업정보 교육은 해방 후 고등학교의 초창기부터 일관하여 학습의 사회화인 사회적 태도의 육성에 중점을 두었다. 이것은 학교졸업 후 곧 산업계에 진출하도록 하는 인재의 육성이라는 상업정보 교육의 성격에서 보면 당연한 것이다.

학습의 사회화란 학습이 사회로부터 고립됨이 없이 오히려 사회를 의식하고 밀접한 관련이 있는 학습을 행해야 한다는 것이다. 특히 상업정보 교육에서는 학생이 장차 비즈니스 사회에 적응하도록 실사회의 요청에 따라 전문교양의 기초를 습득하는 것이 당연하며 특히 협조성, 책임감, 관용 등의 사회적 태도 혹은 사회성의 육성을 중시해야 한다.

사회적 태도의 육성은 학생이 서로 협력하며 인간관계를 매우 중시하는 학습지도를 항상 실천함으로써 가능한 것이다.

제2절 상업정보 학습지도법

1. 상업정보 학습지도법

학습목표와 내용 및 방법은 상호간에 관련이 있으므로 학습지도는 이러한 것들을 통일적으로 파악함으로써 성립된다. 학습목표를 달성하기 위해서는 이에 대한 적절한 내용과 방법을 선정하는 것이 중요한 요건이 된다. 즉, 어떤 내용을 어떤 방법으로 학습을 시키는가는 목표달성상 교사에 있어서는 극히 중요한 과제이다.

여기서는 학생을 학습시키는 방법, 이것을 학습지도법이라 하며, 일반적인 학습지도법으로부터 상업과 학습지도를 효과적이며, 능률적으로 행하기 위해 다음과 같은 학습지도법을 검토하기로 한다.

학습지도법은 학습과정이라는 시간적 경과의 각 시점에 대해 학습지도가 어떤 학생조직이나 학습내용에 대한 학습형태와 어떤 학습지도의 기술로써 행하게 되는 지도법으로 나누게 된다.

2. 상업정보 학습형태

학습에는 이것이 성립되는 요인에 따라 학습형태가 다르게 된다. 여기에서는 학생조직요인 및 학습내용요인에 따라 다음과 같이 분류할 수 있다.

1) 학생조직을 기준으로 하는 학습형태

(1) 일제학습

학생 전체에 대하여 교사가 동일한 학습내용으로 학생전원에게 일제히 수업을 진행하는 학습형태이다. 일반적으로 다수 학생에 대하여 수업이 전개되기 때문에 시간이나 노력 등이 절약되는 점에서 효과적 · 능률적인 학습형태이다.

그러나 학생의 개인차를 무시한 수업이 되기 쉽고 학생들이 수동적 자세가 되어 학습의욕의 저하를 초래하기 쉽다. 그러므로 개인차의 원칙, 자발성, 창조성의 원칙 및 사회화의 원칙에 따른 바람직한 학습형태가 되어야 하며 이러한 일제 학습형태에 의한 수업을 시종하는 것은 극력 배제하는 것이 좋다. 그런데 상업경제 관계과목과 같은 지식적 과업을 주로 하는 과목, 부기회계 관계과목과 같은 신 원리 과업을 주로 하는 과목은 이러한 형태에 의존하는 과목이지만 충분히 검토해야 한다. 그런데 이러한 상업과목의 수업에 대해서도 일제 학습만을 하는 것은 좋지 않다.

그리고 동일한 일제 학습의 학습형태라도 강의법뿐만 아니라 O. H. P나 슬라이드, 영화 등을 병용할 필요가 있다. 또한 적시의 발문 등에 의해 학생의 반응을 정확하게 파악하여 학습내용을 조정할 필요가 있으며 일제 학습의 단점을 최소한 제거할 수 있도록 배려할 필요가 있다.

(2) 소집단학습

학급 내의 학생을 몇 사람씩 그룹을 편성하여 학생들이 그룹 내에서 각자의 지식을 종합하여 과제를 해결해 나가는 학습형태이다.

일반적으로 과제의 선정, 과제해결의 계획, 참고자료의 조사・수집・과제해결의 실시・정리・발표・반성 등의 과정을 통하여 학습을 해야 한다.

학생의 능력・흥미 등이 거의 같은 동질집단의 경우에는 효과를 올릴 수 있지만 이와 다른 불동질집단의 경우에는 학습내용을 충분히 습득하지 않은 학생이 되거나 특정의 학생만이 활약하게 되는 폐해가 있기 쉽다. 그러므로 교사는 각 그룹의 학습상황을 파악하고 적절한 지도 조언을 하는 것이 중요하다. 상업의 제과목에서 이 형태의 이용도가 높은 조사연구나 기장연습 또는 디자인실습 등에 아주 적합한 형태이다. 상업실천에 있어서 각 기관의 그룹편성에 의한 모의실천의 학습에도 소집단학습 형태가 좋다.

소집단학습에서는 학생들 상호간에 서로 협력해야 하며, 각 멤버가 책임을 지고 분담학습을 해야 하므로 사회화의 원칙에 의한 상업교육에서 중시되는 학습형태라고 생각된다.

(3) 개별학습

각 개인의 학생에 대하여 각자의 능력이나 진도 등에 따라 자주적·주체적으로 학습하는 학습형태이며 특히 개인차에 기인한 것이므로 개인차의 원칙 및 자발성·창조성의 원칙에 따른 바람직한 형태이다. 그런데 학생은 학습능력이나 진도에 있어서 학생에 따라 이러한 학습형태에 의한 학습성과를 올릴 수 있는 가능성이나 높고 흥미가 있으므로 자주적·주체적으로 학습을 계속해야 한다. 교사로서는 특히 지진아에 대해 학생의 정도에 알맞은 학습내용, 분량 등을 충분히 고려하여 지도 조언하는 것이 중요하다. 이러한 학습형태도 상업의 제과목에 대한 이용도가 높은 기장연습, 계산연습, 프로그래밍 실습 등에 가장 알맞은 형태이며, 상업관계 과목에도 적합하다. 또한, 이 학습형태의 대표적인 지도법의 하나인 프로그램학습은 상업과목의 효과적·능률적인 학습을 하는데 필요한 학습형태이다. 다만 개별학습에서는 학습 진도가 늦은 학생들의 상호간에 협력학습의 기회가 없기 때문에 사회화의 원칙에 어긋나게 된다. 그러므로 개별 학습에만 치우치지 않도록 유의해야 한다.

2) 학습내용을 기준으로 하는 학습형태

(1) 문제해결학습

제2차 세계대전 후 일찍이 실천한 학습형태이며 그 기초자가 된 것은 존 듀이(J. Dewey)의 실용주의이며 경험주의의 교육사상이다.

문제해결학습은 이 사상에 따라 학생이 일상생활을 경험하는 가운데 존재하는 문제로부터 학습과제를 취하여 문제해결 과정을 학습내용으로 구성하고 학습을 통해 지식습득 및 문제해결 능력의 양성을 목적으로 하는 것이다. 그래서 문제해결 과정에 비교적 많은 시간이 걸리는 것뿐만 아니라 문제해결 과정에서 학습되는 지식은 구체적 사례에 기인한 것이 있으므로 단편적 · 편파적인 것이 되기 쉽고 지식의 체계화가 곤란하기 때문에 기초적인 지식을 확실하게 습득하는 것이 쉽지 않고 학력저하를 초래하기 쉽다.

학생생활 경험에 기인하여 학습내용을 구성하는 경험단원은 위와 같은 결함이 있으므로 많은 비판을 받게 되어 경험단원 중심의 문제해결 학습은 점차 퇴조하게 되었다. 그러나 문제해결학습 그 자체는 원래 자주적 · 주체적 학습을 통해 사고력을 육성하는 장점이 있다. 또한 학생 주위의 문제나 이미 학습한 지식 등을 이용하여 구체적인 것에서 추상적인 것을 도입, 전개하는 학습지도법으로서는 효과적이며 상업과목의 학습형태로서 경시해서는 안 되는 것이다.

(2) 계통학습

지식 그 자체를 체계적으로 학습하는 것을 목적으로 하며 과학적 지식의 습득을 중시하는 것이다. 즉, 각 학습분야에서 검증되는 현대과학의 성과를 학습내용에 반영하며 이것에 의해 구성되는 교재단원을 취하여 학습내용을 구조화하는 것이다.

이러한 학습형태에서는 조직적으로 체계화된 과학적 지식을 논리적인 순서대로 사고하는 것을 전제로 하고 학습내용을 구조화하는 것이다. 그러나 이것은 단지 지식상호간의 표면적인 관련 하에 그 배후에 어떤 기본적 개념이나 법칙, 원리 등을 탐구하게 하나 오히려 지식의 주입에 중점을 두게 되므로 학습내용의 과밀화 경향이 있어 학생에게 학습부담의 과중을 초래하기 쉽다. 계통학습에 있어서도 기본적으로 학습내용의 정선 및 계통화, 구조화를 지향하게 되지만 결과적으로 지식의 일방적인 주입식 수업경향을 강화한 것이 된다. 특히 기술혁신으로 과학기술의 비약적인 발전은 지식이나 기술의 양적 확대 및 질적 고도화를 가져오게 되어 상업교육에서도 그 영향은 무시할 수 없으며, 학습내용의 확대나 고도화를 초래하기 쉽기 때문에 학습내용의 기초적·기본적인 정선이 커다란 과제로 되어 있다.

(3) 발견학습

1960년 브루너(J.S.Bruner)가 『교육의 과정(*The Process of Education*)』이란 저서에서 주장한 학습형태이며, 문제해결학습과 계통학습을 지양한 것이다. 즉, 과학적 지식의 습득을 중시하고 학습내용의 구조화를 시도한 점에서 계통학습과 비슷하며, 학생의 자주적·주체적인 학습방법에 따라 탐구학습을 하는 점에서는 문제해결 학습과 비슷한 것이다.

발견학습에 있어서는 지식 및 학문의 배후에 있는 기초적 개념이나 법칙, 원리를 정선함으로써 학습내용을 구조화하여 학습을 진행하게 된다. 즉, 학습내용은 학문구조에 따라 구조화하게 되고 학생은 자주적·주체적으로 지식을 습득함과 동시에 그 지식을 활용하여 학생 스스로 학문의 기초적 개념이나 법칙, 원리를 탐구하여 발견하려고 하는 학습형태이다. 이와 같이 과학적 지식 및 그 원리 등의 구조적 파악만을 하는 것이 아니라 창조성이 풍부한 과학적 구명태도를 육성하도록 하는 것이 학습형태의 특징이라고 할 수 있다. 이와 같이 함으로써 학습의 전이능력이나 직관적 사고력을 배양하도록 하는 것이 가능한 것이다.

상업의 제 과목 중에는 그 원점을 각 학문이 요구하는 경우가 있으나 각각은 상업학, 경제학, 경영학, 법률학, 회계학, 상품학 등에 속하게 된다. 그러므로 학문의 구조화를 기반으로 하는 것은 발견학습을 적용하는 범위가 넓으며 지식의 탐구, 발견에 관계없는 기술에 관해서도 그 적용은 가능하다고 생각된다. 특히 발전, 변화가 빠른 비즈니스 분야의 학습에 있어서는 장래의 변동에 대한 적응성을 기르는데 매우 중요하며 전이능력의 육성을 중시해야 한다. 이와 같은 발견학습은 상업과에 있어서 학습지도의 기본원칙이라고 할 수 있다. 그러므로 발견학습은 상업교육에 있어서 효과적・능률적인 학습을 진행하기 위한 적절한 학습형태이기 때문에 각 과목에 있어서 구체적으로 적용하기 위한 방법을 적극적으로 연구를 해야 하겠다.

(4) 범례학습

서독에서 1951년에 쉬빙겐 회의의 결의에서 제창된 학습형태이다. 이것에 의하면 학생의 학력이 신장하지 않는 것은 학문의 진보보다 학습내용의 과잉이 원인이기 때문에 그 정선에 의한 효과적인 학습지도법을 개발해야 한다.

우선 유사하거나 공통성질을 가진 학습내용이 있을 때 그 중에 유사성 내지 공통성을 가장 전형적으로 나타내는 하나의 학습내용을 범례로서 선택하여 이것을 중심으로 하는 학습을 통하여 학습내용의 기초적 및 본질적인 이해를 탐구함과 동시에 자주적・주체적인 사고력을 육성해야 한다.

범례학습도 발견학습과 같이 문제해결학습과 계통학습과의 통일을 하기 위해 학습내용을 정선하여 구조화하고 그 학습과정을 중시하고 학습효과의 전이를 강조하는 등 발견학습과 공통점이 많다. 범례학습 또한 상업교육에 있어서 검토해야 할 가치가 있는 학습형태이며 학습내용을 정선하여 어떤 범례가 좋은가를 연구할 필요가 있다.

이상과 같이 학습형태에는 여러 가지가 있으나 학습지도계획의 입안에 따라 목표, 내용을 설정하여 적절한 학습형태를 선정해야 한다. 이것의 경우 연간은 물론 매시의 수업에 따라 다르다.

3. 상업정보 학습지도법

학습지도의 기술로서 지도법에는 여러 가지가 고찰되어 실천되고 있다.

여기서는 강의법, 토의법, 시청각교재의 이용, 프로그램학습에 대해 살펴보고자 한다. 지도법은 학습형태와 관계가 있으며 학습형태에 가장 적절한 지도법을 선정할 필요가 있다.

1) 강의법

일제 학습의 전통적인 지도법으로서 옛날부터 사용되고 있다. 이것에 대한 단점은 일제 학습에서 말한 바와 같으나 강의법을 전혀 사용하지 않을 수는 없다. 그래서 강의법의 단점을 될 수 있는 대로 극복하기 위한 배려와 노력이 필요하다.

예를 들면 강의 중학생의 반응을 확인하기 위해 이해력이 낮은 학생의 표정변화에 주의하거나 지명에 의한 발문을 해야 한다. 또한 판서의 효과적 이용을 시도하거나 실물이나 견본을 제시한다. 특히 교사는 강의방법에 대해 많은 연구가 필요하며 발성이나 동작, 질문법, 학생의 흥미를 유발하기 위한 화술을 연마하는 것이 바람직하다.

2) 토의법

어떤 의제에 대해 학급전체 및 각 그룹 간에 협동하여 토론하는 것이 중심이 되는 지도법이다. 첫째, 토의참가자 상호간의 발언에 의한 논리적 사고력을 탐구하며, 둘째, 타인의 의견을 존중하면서 자기주장을 하는 태도를 양성할 때, 셋째, 객관성이 있는 결론을 얻게 되는 장점이 있다. 그러나 첫째, 자기설명을 고수하거나 강경하게 주장하려고 하는 학생이 있으며 이것에 이끌리지 않고 감정적인 대립이 있는 학생도 있으며, 둘째, 이야기에 익숙하지 못한 학생이 토론에 참가하지 않는 등의 단점이 있다. 교사는 원래 지도조언자이기 때문에 지도성을 발휘하여 그 장점을 장려하고 단점을 고치기 위해 적절한 지도조언을 할 필요가 있다.

3) 시청각교재의 이용

이것은 시청각용 기구, 교구를 이용하여 효과적 · 능률적인 학습지도를 해야 한다. 이것에는 첫 번째, 영화, 슬라이드, 라디오, TV, VTR, OHP 등의 기구를 이용하는 지도법, 두 번째, 실물, 표본, 실험, 견학, 역할 연기(role-playing) 등의 관찰에 의한 지도법이 있다.

이 지도법에서는 첫째, 추상적 이론을 시각이나 청각에 호소하여 학습의 흥미를 높여서 실정이나 실태에 가까운 상황에서 학습을 하며, 둘째, 영화, TV, VTR. 등의 이용은 동적 내용으로서 학습을 할 뿐만 아니라, 셋째, 교통이 불편한 원격지역에서도 학습하게 되는 장점이 있다. 그러나 이것을 이용함에 있어서 과도하게 이용하면 학생의 주체적 학습을 방해하게 되므로 유의할 필요가 있다. 상업과목에서는 시청각교재의 이용가치가 매우 높기 때문에 적극적인 이용이 바람직하다.

4) 프로그램 학습

이것은 개별 학습의 대표적인 지도법이다. 학생은 자기의 목표에 알맞은 문제를 작성하여 해답의 작성, 확인이라는 사이클을 반복하게 됨으로써 초보단계에서 순차적으로 정도를 높이는 방향으로 학습을 해야 한다.

이 지도법에서는 학생의 능력에 따라 알맞은 속도로서 확실하게 학습을 하게 되며 특히 피드백(feed back)이 가능하다는 등의 장점이 있는 반면에 학습내용을 프로그램화하기가 어려우며 또한 고정화될 위험이 있으며 협력학습의 기회가 없는 단점이 있다. 이 방법은 상업과목 중에서도 학습내용이 반복을 중시하는 과목인 부기회계 관계과목이나 정보처리 관계과목에 가장 알맞다. 그리고 프로그램 학습은 CAI (computer assisted instruction)와 같은 교습기구를 이용하면 더욱 더 효과적이다.

4. 미국상업정보 학습지도법

미국에 있어서 상업교육에 대한 최근 문헌에는 상업경제 관계과목 및 마케팅 관계과목의 학습지도 방법으로서 다음과 같은 것이 있다.

1) 상업경제 관계과목(basic business subjects)

① 순수강의법(the straight lecture)

② 판서병용강의법(the lecture with chalkboard illustrations)

③ 문답법(question-answer method)

④ 문제해결법(problem-solving)

⑤ 실연(the demonstration)

⑥ 외부강사(quest speakers-community resource persons)

⑦ 파넬토론(the panel discussion)

⑧ 사례문제법(the case problem method)

⑨ 브레인스토밍(brain storming)

⑩ 버즈그룹(the buzz group)

⑪ 역할연기법(role-playing-dramatic skits)

⑫ 학급보고(the class report)

⑬ 스크랩북, 노트북지도(scrapbooks, notebooks)

⑭ 영화, 필름, 슬라이드(instructional film)

⑮ 프로젝트법(the project-individual and group)

⑯ 교외여행(field-trips-educational tours)

⑰ 게임 및 시뮬레이션(gaming and simulation)

⑱ 게시판(bulletin boards-display boards)

⑲ 테이프 레코드(the tape recorder)

⑳ TV(television)

기타(miscellaneous techniques) - 토의법(debate), 리포트 제출(termpapers), 해석적 연구(analytical approach)

2) 마케팅 관계과목

① 문답법(question and answer)

② 강의법(lecture)

③ 집단토의법(group discussion)

④ 파넬토의 및 원탁토의법(panel or round-table discussion)

⑤ 버즈 세션(buzz sessions)

⑥ 브레인스토밍(brain storming)

⑦ 역할연기법(role-playing)

⑧ 사례 내지 삽화문제법(case or incident problem)

⑨ 회의법(conference method)

제3절 상업정보 학습지도 계획안의 작성

1. 상업정보 연간 지도계획

학습지도를 실천함에 있어서 우선 각 과목에 대한 지도계획을 작성할 필요가 있다. Plan-Do-See-Plan이라고 하는 싸이클적 관리수법의 중요성은 교육현장에 있어서도 결코 예외는 아니다. 각 과목의 목표에 따라 신중한 계획을 하여 학습지도를 해야 하며 적절한 평가에 의해 학생의 목표도달도를 측정함과 동시에 학습지도를 반성할 자료를 얻어 이것에 의해 다음의 계획을 수립해야 한다. 이러한 계획이 누적되면 교사로서 성장 발전하게 되며 보다 나은 교육을 실현할 수 있는 것이다.

신중하게 수립된 적절한 계획은 실시하는 가운데 중도에서 거의 수정할 필요가 없으며 원활한 학습지도를 가능하게 한다. 그러니까 학생에 대한 바람직한 방향으로 학생 스스로 진보 향상할 수 있도록 바라는 교사인 이상 이러한 우수한 교육실천을 하기 위하여 그 과정에 대해 계획을 수정해야 한다.

학습지도의 계획은 연초에 개략적인 연간지도계획을 입안하여 이것에 의해 매시의 구체적인 실천계획을 학습지도안으로써 준비하는 것이 일반적이다. 의무교육의 제 학교에서는 양자의 중간으로서 월간계획이나 주간계획을 작성하는 예도 있으며 고등학교에서도 이러한 계획을 체계화할 필요성이 없는 것은 아니지만 오히려 이러한 계획보다는 교재연구나 학습지도에 전념하는 것이 학생에게 유익할 것이다. 그리고 상업과 교사로서 우선 자기가 담당할 상업과목의 연간지도계획을 입안할 필요가 있다. 이것을 입안함에 있어 전제조건으로서 다음과 같은 제 사항을 파악해야 한다.

1) 학교교육 목표, 학과 목표, 교과 목표

학교나 학과 목표는 교육이념에 따른 교육법에 기인하여 지역적 사정 등도 고려하여 각 급 학교에서 결정해야 한다. 또한 교과목표는 학습지도 요령에 의하여 결정해야 한다.

2) 교육과정의 전제

타교과나 타과목과의 내용상 관련, 이수순서상 관련, 클럽활동 및 학교행사 등을 조사해야 한다.

3) 당해 과목의 목표, 내용, 이수연간, 단위수

과목목표는 학습지도요령에 따라 또한 내용은 학습지도요령 이외에 채택된 교과서에 의해 파악해야 한다.

4) 학생실태

학생의 능력, 적성, 진로, 흥미, 관심뿐만 아니라 거주지역이나 생활 환경 등을 고려할 필요가 있다.

계획내용은 항상 이용할 수 있도록 연간지도계획표를 작성하는 것이 매우 중요하다. 이러한 계획표의 양식은 여러 가지가 있으며 기입 요령은 다음과 같다.

(1) 학습내용

학습항목을 약간 세분화해서 기술한다. 교과서의 절이나 항을 참고로 하지만 이것에만 의존하면 학과 목표나 학생실태와 유리될 위험도 있기 때문에 주의를 해야 한다.

(2) 배당시간

1단위의 이수는 매주 50분 수업을 기준으로 하여 1학기(17주 기준)동안 이수하는 수업량을 말한다.

(3) 학습지도의 유의점

연간계획단계에서는 학습지도법을 기재할 필요가 없지만 지도요점이나 유의사항을 열거하는 것이 좋다.

(4) 비고

학습지도의 준비 등을 기재해야 한다. 타교과나 타과목과의 관련을 기재하는 것이 좋다.

이와 같이 작성된 계획에 따라 연간학습지도를 진행해 나가야 한다. 그리고 진행 도중에 현재의 진도를 평가하여 조정해야 하며 차년도의 개선점을 명기해 두는 것이 매우 중요하다.

2. 상업정보 학습지도안

매시 수업계획은 연간지도계획에 따라 작성해야 한다. 이것은 반드시 서류화해 두지는 않지만 신임교사는 보관해 두는 것이 참고가 된다.

매시 수업계획은 교실에 휴대하여 사용해야 하기 때문에 1매 정도의 용지가 바람직하다. 그 양식과 작성 예는 각 과목마다 여러 가지가 있다. 학습지도안을 작성함에 있어서 유의해야 할 사항도 여러 가지가 있으나 그 중에서도 기본적인 10항목을 살펴보고자 한다.

① 교과, 과목, 내용항목 가운데 본시의 위치를 파악한다.
② 전 · 후 수업과의 관련을 명기해야 한다.
③ 본시의 학습흥미를 유발하여 학생의 학습의욕을 환기시킨다.
④ 학습 자료나 교구를 준비하여 본시에 이것을 이용할 장면을 생각해야 한다.
⑤ 학생의 자발적 · 적극적 활동을 촉진해야 한다.
⑥ 지도안에 따라 수업이 진행되지 않을 경우가 있기 때문에 지도안은 탄력성이 있도록 행 한다.
⑦ 타교과나 타과목과의 관련을 명기해야 한다.
⑧ 학생 자신이 교재, 교구를 준비하도록 할 필요가 있다.
⑨ 학습경험의 연속성을 존중하여 차시계획을 학생과 의논하여 결정하는 것이 좋다.
⑩ 교수상 반성자료로써 수시로 간단한 시험을 실시한다.

그리고 교육실습생이나 초임자를 위하여 다음과 같은 10항목을 추가하여 유의해야 한다.

① 1회 수업 중에서도 될 수 있는 한 학습에 변화를 주기 위해 연구해야 한다. 또한 학생에게 항상 동적 계획을 수립해야 한다.

② 교과서를 어떻게 취급할 것인가의 위치를 명확하게 해야 한다. 최근에는 교과서를 읽지 않는 학생이 있으므로 이 점에 특히 유의해야 한다.

③ 학습내용의 초점화를 해야 한다. 많은 내용을 한꺼번에 가르칠 수 없으므로 매시 학습을 요약하는 것이 중요하다.

④ 한 교실에 있는 학생의 능력은 다종·다양하다. 그러므로 학생의 능력에 알맞은 진도를 모색해야 한다. 그래도 지진아교육은 방과후에 별도로 해야 한다. 지진아교육에 알맞은 진도에 유의하는 것은 곤란하더라고 최선의 노력을 경주해야 한다.

⑤ 도해는 모든 경우에 유효하다. 이 경우에 복잡한 것은 피해야 하지만 너무 간략하게 하면 부정확하기 때문에 유의해야 한다.

⑥ 알맞은 국어, 수학, 사회, 과학, 외국어 및 저학년 이수 상업과목은 학습기초를 튼튼하게 하기 위해 틀린 것을 정확하게 지도해야 한다.

⑦ 구체적인 예를 될 수 있는 대로 풍부하게 이용해야 한다. 학생들이 스스로 사고할 수 있도록 해야 하며 자체학습효과를 높이는 것이 중요하다.

⑧ 수업의 능률화를 위해 프린트를 배포하거나 소흑판이나 OHP를 전부 활용하는 것이 좋다.

⑨ 교과서는 동일 과목의 2~3종류를 선택하는 것도 바람직하다. 이것은 많은 참고서를 조사하기 전에 필요하다.

⑩ 교과 내는 물론 관련 교과·과목의 담당자와 항상 정보교환을 하고 연락 조정하는 것이 바람직하다. 그리하여 최후로 학습지도안의 입안을 해야 하기 때문에 교사는 별도교재노트 내지 학습지도노트를 작성하는 것이 바람직하다.

제4절 상업정보 교과의 학습원리

학생들의 학습활동을 이상적으로 최대의 학습효과를 올리기 위한 근본법칙이 학습원리이다. 특히, 상업교육과 같은 포괄적 생활내용을 가진 교과에 있어서는 학습의 기초적 원리를 이해하는 것이 학습지도(Guidance of Learning)에 대한 태도를 확립하고 학습지도방법을 올바르게 알아서 일체의 원칙이나 설비를 하는 것이 극히 필요한 것이다. 상업교과는 일반교과와 같이 일반적인 학습원리와 동시에 독자적인 성격의 교과로서 다음과 같은 원리가 있다. 일반적인 학습원리에는 효과의 원칙(Law of Effect), 준비성의 원칙(Law of Readiness), 접근의 법칙(Law of readiness), 빈도의 법칙(Law of Frequency), 개별성의 법칙(Law of Individual) 등이 있다.

1. 기술의 원리

상업은 기업경영의 관리, 운영을 본질로 하는 것으로서 교육자의 상업기술면이 요구되며 교사에게 풍부한 전문적 기술이 있는 것은 대단히 바람직한 조건이 되는 것이다. 또한 교사들이 일반으로 상업교과의 학습지도를 싫어하고 이 교과의 학습효과를 향상시키기 어려운 것은 기술수준이 낮기 때문이며 기술적 수준이 높은 상업과 교사가 다수 진출하여야 상업교육이 근본적으로 진흥하게 될 것이다.

2. 실습의 원리

상업과는 실습을 중요시 하게 된다. 상업경제의 발달, 사무적 기술의 변화는 현저하게 현장과 밀접한 관계를 가지는 상업교육이 되어야 하기 때문이다. 상업과의 지도는 가령 수영하는 방법을 지도하는 것이 아니라 실지 물에 들어가서 수영을 시키는 훈련을 하는 것이다. 종래의 상업과 학습에 대한 비난은 지식과 이론 중심으로 교수하였기 때문이다.

3. 시설 · 설비의 원리

상사생활, 경영, 관리, 사무에 관한 이해나 이들의 지식에 대한 실무적인 기술과 올바른 태도 등은 실습을 통해 계발되기 때문에 학교나 지역사회(Community)도 현장에 적응하는 최선의 상업실습의 시설이나 설비를 갖추어야 되는 것이다. 1969년 12월 4일에 대통령령에 의한 상업에 관한 학과를 설치할 때에 문교부의 학교시설 · 설비 기준령이 공시되어 있다. 또한 1963년 9월19일에 제정된 상업교육진흥법에서 국가 또는 지방자치단체는 그가 설립한 학교에 산업교육을 위한 실험실습의 시설설비를 준비함에 있어서 소용되는 경비를 예산의 범위 안에서 부담하게 되어 있다.

4. 실용의 원리

직업은 개인의 적성에 따라 사회에 참여하여 공헌하게 되므로 생활을 유지 향상시켜 경제적 보수를 받는 노동이다. 그러므로 상업을 자기의 직업으로 하는 자는 영리를 위한 경제생활을 하여 실용적인 문제를 해결할 수 있도록 상업교육을 해 나가야 한다. Verne C. Fruclund는 "직업분석에서 직업(Job)에는 두 가지의 의미가 있다. 하나는 작업을 하고 임금을 받는 것이고 또 하나는 작업을 하지 않고 완성된 계획(project)을 의미한다."고 했으며. F. T. Struck도 실기는 "실용, 유용이라는 점에서 미술과 다른 것이다."라고 하였다.

5. 목적 · 자기활동의 원리

학생들이 항상 실습이나 사업의 목적을 자각하고 자각적인 학습을 해야 한다. 준비(Readiness)나 동기, 흥미, 노력 등과 같은 학습의 심리적 조건은 명확하게 학습목표를 의식할 때에 생기게 되어 학생들의 적극적인 학습활동의 원천이 되는 것이다. 상업과 학습은 간접적인 목표로 장래에 대한 작업적 학습이다. 계발적 경험(Try out)은 가장 알맞은 작업의 체계가 되며 직업의 선택이나 학생들의 개인에게 직면하게 되는 자기생활문제에 관심을 환기시키는 것이다.

6. 훈련의 원리

기술이나 습관은 연습에 의해 훈련되어 지는 것이며 작업에 숙달되면 노력과 시간이 절약되는 활동의 분야로 증대되는 것이다. I. P. Pavlov의 조건반사설(Conditioned reflex theory)은 자극과 반응의 결합에서 본능적인 자극에 대해 2차적인 신 자극이 연습의 결과로 조건을 주면 반응을 일으킨다는 것을 가르치고 있다. 작업이나 기술이 숙달되는 것은 학생들이 후천적으로 성립하는 하나의 조건반응인 것이다. 여기서 교사도 가장 양호한 작업의 형식이나 습관을 연습에 의해 숙달해야 된다.

7. 개성의 원리

다른 교과는 일제 학습이나 분단학습을 하는 것이 가능하지만 직업지도나 상업실습은 개인의 문제이므로 개인의 직업적 흥미, 능력, 적성 및 가정 사정 등을 조사하여 지도해야 한다.

8. 지역사회의 원리

상업에 관한 이해, 기술, 노동 등의 태도는 지역사회에 있어서 학생들의 생활경험을 통해 양성되어야 한다. 학생들의 대부분은 학교졸업 후에는 향토사회의 상업생활에 참여하게 되므로 지역사회는 상업과 학습의 출발점인 동시에 종착점이 되는 것이다. 그러므로 지역사회는 신교육원리의 제일선에 있으므로 상업교육과 밀접한 관계가 있는 것이다.

제5절 상업정보 교과의 학습지도 방법

단원학습의 요점은 학생들이 심리발달과정에 적응하기 위한 학습지도를 해 나가는 것이며, 학습효과를 올리기 위하여 노력이나 연구를 해야 하는 것이다.

교육은 학생들의 것이며 학생들의 소질을 최대한 발전시키기 위하여 유리한 환경을 조성하며 학생들의 심리적 조건을 충분히 고려해야 되는 것이다. 여기에 심신의 발달속도도 현저하게 나타나므로 미숙한 고등학교의 학생들에게는 이 점에 대해 충분히 고려하여 학습지도를 해야 되는 것이다. 학습지도는 학생들의 심리적 발달에 따라 상업과에 적응되는 기본적 문제를 취급할 때에 고려해야 될 점은 다음과 같다.

1. 실무적 학습

상업고등학교에서는 실무실습을 중심으로 하고 이에 이론을 도입하여 학습지도하는 방법의 하나이며 이것은 기술과목에서는 가장 알맞은 학습방법이다.

2. 이론적 학습

상업고등학교의 단계에서는 이론적인 것을 추구하는 경향이 심하다. 고도한 것은 아니지만 기본적인 것을 근거로 하는 이론에 대하여 구체적이고 기본적인 이론을 학습하는 것은 이 단계에 가장 알맞은 것이다.

3. 기본적 학습

실무적, 이론적 학습에 대해서도 기본적인 학습을 중요시해야 한다. 너무 특수화되고 전문화된 학습보다는 일반적, 공통적이고 기초적인 이해와 능력을 양성하여 학생들의 요구와 사회의 요구에 적응하는 학습이 되어야 한다. 그리고 실무적인 학습은 어떤 특정업종의 취직에 알맞게 되더라도 어떤 일반적인 업종에 공통되는 근본적인 학습은 될 수가 없다. 그러므로 학생들의 생애에 도움이 되고 사회의 요구에도 적응할 수 있는 기본적 학습이 필요한 것이다.

제6절 상업정보 교과의 학습지도 단계

상업과의 목적은 이해를 주로 하는 것과 지도와 습관을 주로 하는 것과 기술과 실습을 주로 하는 것이 있으므로 그 내용도 다종·다양하여 그의 학습단계를 구체적으로 정하는 것도 곤란하다. 그러므로 형식적 단계로서 다음과 같다.

1. 문제 · 계획의 단계

(1) 일정한 학습문제를 학생들에게 필요한 것과 흥미가 있는 것으로 제기한다.
(2) 문제해결을 위해 구체적인 계획을 세운다.
(3) 이에 대한 구체적인 실시계획을 확립한다.

2. 이해 · 실습의 단계

(1) 여러 가지 조사연구를 한다.

(2) 상업에 대한 확실한 이해를 한다.
(3) 실습에 의한 기술을 습득하거나 노동의 태도와 습관을 기른다.
(4) 발표와 평가에 의한 반성을 하여 이해와 기술을 깊게 체득하도록 한다.

3. 연습 · 응용의 단계

(1) 전 단계의 학습에 대한 이해와 실습을 기초로 하여 다른 유사한 작업이나 직업의 요구에 적응하게 한다.
(2) 이해나 기술을 상업경제생활에 적용하거나 새로운 방면의 개척을 하게 한다.
(3) 전후의 학습사항을 정리하거나 습득을 하게 한다.

4. 평가의 단계

(1) 지식과 이해의 평가
(2) 기술과 훈련의 평가
(3) 태도와 습관의 평가
(4) 능력의 평가
(5) 감상력의 평가

이상은 기본적인 학습단계이므로 상세한 개별학습내용에 대해서는 학습의 발전과 생활의 흥미활동에 따라 적절한 학습단계를 이용하는 것이 좋겠다.

핵심정리

- 상업과 교사는 학습내용 연구, 학습지도법 연구, 학습평가의 연구 등이 필요하다.
- 상업정보 학습지도의 기본원칙은 개인차의 원칙, 자발성 · 창조성의 원칙, 사회화의 원칙이 있다.
- 학생조직을 기준으로 하는 학습형태는 일제 학습, 소집단 학습, 개별 학습 등이 있다.
- 학습내용을 기준으로 하는 학습형태는 문제해결학습, 계통학습, 발견학습, 범례학습 등이 있다.
- 상업정보 학습지도법은 강의법, 토의법, 시청각교재의 이용, 프로그램학습 등이 있다.
- 상업정보교과의 학습원리는 기술의 원리, 실습의 원리, 시설 및 설비의 원리, 실용의 원리, 목적 및 자기활동의 원리, 훈련의 원리, 개성의 원리, 지역사회의 원리 등이 있다.
- 상업정보교과의 학습지도 단계는 문제 · 계획의 단계, 이해 · 실습의 단계, 연습 · 응용의 단계, 평가의 단계로 나누어진다.

제 2 장
학습지도안 작성

제 2 장
학습지도안 작성

제 1 절 학습지도안 개요

1. 학습지도안의 개념

학습지도라는 것은 교사가 학생들을 대상으로 어떤 수업을 진행할 것인가에 해당하는 내용이다. 즉, 교사가 담당하고 있는 교과목에 대한 수업지침이라고 할 수 있다.

아울러 학습지도안은 교과수업에 대한 구체적인 수업전개 방향에 대한 계획서로서 학습지도에 대한 나침반 역할을 한다고 할 수 있다. 학습지도안을 보게 되면 수업하고자 하는 교재명, 수업범위, 학습목표, 수업대상인 학생들의 현 상태, 본시수업 내용, 판서계획 등을 파악할 수 있다.

그러나 학습지도안은 구체적으로 정해진 형식이 있는 것이 아니다. 교사들의 특성에 따라 다양한 형태의 학습지도안 작성이 가능하다. 하지만 학습지도안은 교사가 수업하고자 하는 내용이 학생들의 수업목표와 학생들의 현 도달점을 잘 분석하여 계획된 학습목표에 도달할 수 있도록 최선을 다해야 한다.

그리고 학습지도안 작성에 영향을 미치는 요인들은 다음과 같다. 첫째, 교과목의 특성을 파악해야 한다. 둘째, 학생들의 현재 상태로 수업 대상의 교과목에 대한 학습정도, 흥미, 발달수준 등에 따라 다르게 작성되어야 한다. 셋째, 가치로 학교의 정해진 교육목표, 교사의 교육적 관점에 대한 이해 정도이다. 넷째, 현실적 제한점으로 학습지도안이 현실적으로 실현 가능한 형태로 작성되어야 하지 현실적으로 시행이 곤란한 지도안은 의미가 없다. 다섯째, 학습활동의 선택과 배열과 학습활동의 계열화 방식 등이다.

제2절 학습지도안의 형식

1. 학습지도안의 형식

학습지도안은 정해진 형식이 있는 것 보다 교사가 자신이 맡은 교과목의 특성에 따라 다양한 형식으로 작성이 가능하다. 즉, 획일화되고 모든 학교가 동일한 학습지도안의 양식에 의거 작성되지는 않는다.

그러나 학습지도안의 양식은 정해져 있지 않지만 포함시킬 내용은 상이하지 않고 통일성을 가지게 된다는 것이다. 그러므로 학습지도안에 수업에 대한 기본적인 내용이나 학습목적은 반드시 포함되어야 하는 것이다. 즉, 필수적인 공통내용들은 포함시키면서 과목 담당교사의 특성을 살려서 작성하면 된다는 것이다.

2. 학습지도안의 내용

1) 교재 및 단원

교재를 지칭하는 것은 교과서가 일반적이고, 단원은 대단원과 본시 수업단원을 작성해야 한다. 이와 더불어 해당차시의 교과서 페이지도 같이 명기해야 한다.

2) 단원의 성격

단원의 성격은 단원 전체를 통해 중요성과 가치성을 표시해야 한다.

3) 단원의 목표

단원의 목표는 대단원에 대한 지식, 이해, 적용 등으로 구분하여 표시해야 한다. 여기서는 일반적으로 일반성과 추상성을 사용하는 것이 바람직하다.

4) 단원의 지도계획

단원의 지도계획에는 대단원, 소단원, 본시단원을 구체적으로 명시해 주는 것이 바람직하다. 아울러 본시 수업의 주요 내용 및 흐름을 구체적으로 제시해야 한다.

그리고 수업의 진행방법, 수업에 이용되는 각종 매체, 차시학습에 대한 내용을 나타내야 한다.

5) 학생관

학생관은 현재 수업에 임하는 학급의 특성을 분석하여 표시하는 것이다. 즉, 대상학급, 인원, 학습에 대한 도달도 등에 세부적인 내용을 바탕으로 그 학급을 이해는 도움이 되는 자료를 제시해야 한다.

6) 본시수업의 전개과정

본시수업의 전개과정을 1시간 학습에 대한 세부적인 내용으로 구성되어 있다. 단계는 도입단계, 전개단계, 정리단계(차시예고)로 크게 구분하며, 단계별로 교사와 학생의 활동내용들이 자세하게 나타나 있다. 아울러 학습지도상 유의점은 수업 중에 필요한 부차적인 내용을 통해 학습에 몰입하도록 유의해야 할 사항들이 포함하고 있다.

7) 판서계획

판서계획은 수업시간에 별도로 칠판에 판서하고자 하는 내용을 간략하게 정리하여 제시하는 것이 바람직하다. 세부적인 자세한 내용은 판서가 곤란하므로 중요한 내용을 바탕으로 작성하면 된다.

8) 형성평가 계획

형성평가 문항도 학습지도안에 작성해 두는 것이 바람직하다. 평가문항은 단답형 문항, 객관식 문항 중 어느 것을 해도 되지만 중요한 것은 수업 후 이해도를 체크하는 것으로 짧은 시간에 풀 수 있도록 4문항 또는 5문항 정도가 적합하다.

〈표 2-1〉 학습지도안의 구성요소와 기능

구성요소	구조적 단계	학습지도안의 기능
학습단원명 제시	도입단계	교사의 수업활동 방향을 제시
학습단원 설정이유		학습자들은 학습목표가 무엇인지 구체적으로 제시
단원의 학습목표		교사의 수업활동과 학생들의 학습활동에 대한 예측과 안내 제공
전체의 지도계획 (소단원, 시간배당)		대단원과 단원의 전체적인 흐름이 파악되도록 제시
학습활동	전개단계	내용, 자료, 지도방법 및 기법, 지도상의 유의점, 학습 진도 상황제시
		수업 및 학습에 유용한 보조 자료를 사전에 제시
		학습내용과 학습경험의 제시 순서와 계열안내
		적절한 지도방법 제시
평가활동	정리단계	목표달성도를 평가할 수 있는 평가도구 제시
		교수-학습의 효율성과 효능성 제고에 기여
		평가내용, 문항, 방법 제시

자료 : 박혜진, ICT 활용 학습지도 시스템 설계 및 구현, 숙명여자대학교 교육대학원, 석사학위 논문, 2003, p. 4.

3. 학습지도안 양식

① (과목명:) 수업지도안

결재	교 생	지도교사	부 장
	(인)	(인)	(인)

학년:______ 지도교사 :______

단 원 명		대상		차시		지도일시		지도장소	
본시 수업 목표		학습동기 유발계획							

전개 과정	단계	수업 방식	교수 학습 활동		학습자료 및 지도상의 유의점	시간
			교사	학생		
	도입	인사 및 학습 동기 유발				

<table>
<tr><td rowspan="4">전
개
과
정</td><td rowspan="4">전개
1</td><td>본문
내용1</td><td></td><td></td><td></td><td></td></tr>
<tr><td>학생
참여1</td><td></td><td></td><td></td><td></td></tr>
<tr><td>본문
내용2</td><td></td><td></td><td></td><td></td></tr>
<tr><td>학생
참여2</td><td></td><td></td><td></td><td></td></tr>
</table>

<table>
<tr><td rowspan="4">전
개
과
정</td><td rowspan="4">전개
2</td><td>본문
내용</td><td></td><td></td><td></td><td></td></tr>
<tr><td>본문
내용1</td><td></td><td></td><td></td><td></td></tr>
<tr><td>학생
참여1</td><td></td><td></td><td></td><td></td></tr>
<tr><td>본문
내용2</td><td></td><td></td><td></td><td></td></tr>
</table>

형 성 평 가					
평가 문항	영역	평가 기준	평가 배점		
듣기	이해력		상	중	하
읽기	정확성		상	중	하
말하기	어휘 구사력		상	중	하
	문법의 정확성		상	중	하
	유창성		상	중	하
쓰기	명확성		상	중	하

판서 계획

② (   )과 교수 · 학습 과정안

<table>
<tr><td colspan="2">지도 일시</td><td>년 월 일 교시</td><td colspan="2">학년 반</td><td>지도 교사</td><td colspan="2">(인)</td></tr>
<tr><td colspan="2">단 원
(제재)</td><td colspan="4"></td><td>차시</td><td>/ 차시</td></tr>
<tr><td colspan="2">학습 목표
(또는 학습문제)</td><td colspan="6"></td></tr>
<tr><td>학습 단계</td><td>학습 흐름</td><td colspan="3">교수·학습 활동</td><td>시간</td><td colspan="2">자료 및 유의점</td></tr>
<tr><td></td><td></td><td colspan="3"></td><td></td><td colspan="2"></td></tr>
</table>

③ 학습지도안

교 과 명		대 상	
대 단 원		소 단 원	
차 시		학습 방법	
지도 교사		지도 장소	
학습 목표			
준 비 물	교 사		
	학 생		

단계	학습 내용	교수–학습 활동		시간 (분)	자료 활용 및 유의점
		교 사	학 생		
도입					
전개					
정리					

④ 본시 교수 · 학습 과정안

<table>
<tr><td>일 시</td><td colspan="2"></td><td>대상</td><td></td><td>지도
교사</td><td></td></tr>
<tr><td>단원명</td><td colspan="2"></td><td>차시</td><td colspan="3"></td></tr>
<tr><td>학습주제</td><td colspan="4"></td><td>학습
모형</td><td></td></tr>
<tr><td>학습목표</td><td colspan="6"></td></tr>
<tr><td rowspan="2">학습자료</td><td>교사</td><td colspan="5"></td></tr>
<tr><td>학생</td><td colspan="5"></td></tr>
<tr><td>단계</td><td>학습
요소</td><td colspan="3">교수 · 학습 활동</td><td>시간</td><td>자료 및
지도상의
유의점</td></tr>
<tr><td></td><td></td><td colspan="3"></td><td></td><td></td></tr>
</table>

⑤ 수업 지도안

<table>
<tr><td>수업일시</td><td colspan="2"></td><td>대 상</td><td></td><td>지도교사</td><td colspan="2"></td></tr>
<tr><td>대단원</td><td colspan="2"></td><td>차 시</td><td></td><td>장 소</td><td colspan="2"></td></tr>
<tr><td>소단원</td><td colspan="7"></td></tr>
<tr><td>학습목표</td><td colspan="7"></td></tr>
<tr><td>준비물</td><td colspan="7"></td></tr>
<tr><td colspan="2" rowspan="2">학습단계</td><td colspan="4">교수 – 학습 활동</td><td rowspan="2">자료 및 유의점</td><td rowspan="2">시간 (분)</td></tr>
<tr><td colspan="2">교 사</td><td colspan="2">학 생</td></tr>
<tr><td rowspan="3">도입</td><td>전시 학습 확인</td><td colspan="2"></td><td colspan="2"></td><td></td><td></td></tr>
<tr><td>학습 목표 제시</td><td colspan="2"></td><td colspan="2"></td><td></td><td></td></tr>
<tr><td>동기 유발</td><td colspan="2"></td><td colspan="2"></td><td></td><td></td></tr>
</table>

<table>
<tr><th colspan="2" rowspan="2">학습단계</th><th colspan="2">교수 – 학습 활동</th><th rowspan="2">자료 및 유의점</th><th rowspan="2">시간 (분)</th></tr>
<tr><th>교 사</th><th>학 생</th></tr>
<tr><td rowspan="5">전개</td><td></td><td></td><td></td><td></td><td></td></tr>
<tr><td></td><td></td><td></td><td></td><td></td></tr>
<tr><td></td><td></td><td></td><td></td><td></td></tr>
<tr><td></td><td></td><td></td><td></td><td></td></tr>
<tr><td></td><td></td><td></td><td></td><td></td></tr>
<tr><td rowspan="2">정리</td><td></td><td></td><td></td><td></td><td></td></tr>
<tr><td></td><td colspan="3"></td><td></td></tr>
</table>

핵심정리

- 학습지도안은 교과수업에 대한 구체적인 수업전개 방향에 대한 계획서로 학습지도에 대한 나침반 역할을 한다.
- 학습지도안 작성에 영향을 미치는 요인들은 다음과 같다. 첫째, 교과목의 특성을 파악해야 한다. 둘째, 학생들의 현재 상태로 수업대상의 교과목에 대한 학습정도, 흥미, 발달 수준 등에 따라 다르게 작성되어야 한다. 셋째, 가치로 학교의 정해진 교육목표, 교사의 교육적 관점에 대한 이해 정도이다. 넷째, 현실적 제한점으로 학습지도안이 현실적으로 실현 가능한 형태로 작성되어야 하지 현실적으로 시행이 곤란한 지도안은 의미가 없다. 다섯째, 학습활동의 선택과 배열과 학습활동의 계열화 방식 등이다.
- 학습지도안의 내용은 교재 및 단원, 단원의 성격, 단원의 목표, 단원의 지도계획, 학생관, 본시수업의 전개과정, 판서계획, 형성평가 계획으로 구성된다.

제3장
교 사 론

제 3 장
교 사 론

제1절 교사의 개념

교사와 관련하여 유사하고 다양한 호칭으로 지칭되고 있다.

첫째, 교사는 학습이나 기술을 가르치는 사람, 소정의 자격을 취득하여 학생지도를 하는 사람으로 지칭하는 경우이다.

둘째, 교원으로 각 급 학교에서 학생을 가르치는 직무에 종사하는 사람을 지칭한다.

셋째, 교육자로 교육에 종사하는 모든 사람을 지칭하는 것이다.

넷째, 선생으로 교사 및 교원을 지칭한다.

다섯째, 스승으로 자기를 바른길로 인도해 주는 선생에 대한 극존칭을 지칭하는 것이다.

제2절 교사의 자질

교사의 자질의 문제는 인품이나 바람직한 인간상에 관한 사항으로 교사로서의 요건이 무엇인가에 출발한다.

1. 바람직한 교사상

이상적인 교사상은 시대적 변화에 따라 변모하게 마련이다. 하지만 학생에 대한 책임감, 전공분야에 대한 지식, 학생성장(정서적, 지적, 신체적)을 기다려 주는 인내심, 교사의 입장보다 학생입장에서 이해 등이 필요하다.

Hart, Jersild 등의 연구에 따르면 학생들이 바라는 교사상은 다음과 같다.

첫째, 학생들을 좋아하고, 친절하며 인정이 많다. 둘째, 지식이 풍부하고 학습지도는 실례를 들면서 쉽고 재미있게 지도한다. 셋째, 학생지도에 열성적이며 근면 성실하고 솔선수범으로 최선을 다한다. 넷째, 명랑 쾌활하고 사교적이며 유머가 풍부하여 즐거워한다. 다섯째, 매사가 분명하고 목적의식이 확실하며 일관성이 있다. 여섯째, 공평무사하고 편애가 없으며 객관적인 기준이 뚜렷할 뿐만 아니라 정직하다. 일곱째, 검소하면서도 용모가 단정하며 청결하다. 여덟째, 남다른 통찰력이 있고, 선견지명이 있으며 판단이 훌륭하다. 아홉째, 예의범절이 모범적이며 침착하고 위엄이 있다. 열 번째, 학생의 문제를 도와주려고 노력하며 매우 협조적이다. 열한번째, 학급 경영 활동에 관심을 가지고 좋은 환경, 즐거운 생활이 되도록 도와준다. 열두 번째, 잘잘못을 일관성 있게 평가하여 칭찬과 벌을 주며 세심하게 보살펴 준다.

1) 수업지도력이 높은 교사

수업지도력이 높다는 것은 전공에 대한 충분한 지식을 갖고 있으며, 수업준비를 철저히 하여 학생들에게 동기유발을 시킬 수 있으며, 학생들에게 적합한 수업방법을 통해 좋은 결과를 낼 수 있어야 한다. 아울러 학생들에게 항상 연구하고 준비하는 성실한 모습을 보여주어야 한다.

2) 미래지향적인 교사

학생들에게 현재보다 미래를 생각할 수 있게 하는 교사가 되어야 한다. 즉, 미래비전을 제시하여 학생들이 미래를 볼 수 있는 안목을 길러주어야 하고, 장래 진로에 대한 깊이 있고 충분한 상담을 통해 학생의 진로선택에 도움을 주어야 한다. 또한 학생이 갖고 있는 잠재성을 일깨워 무한한 발전 가능성이 있도록 도와주어야 한다.

3) 평정심이 있는 교사

학생들에게 차별을 두지 않고 공평한 관심과 사랑을 주는 교사가 되어야 한다. 그러므로 무엇보다 중요한 학생을 사랑하는 마음이 필요하고, 참다운 모습으로 변화되기를 기다려주는 인내심이 있어야 한다. 그리고 학생 한명 한명이 소중한 사람으로 여기는 마음이 필요하다.

4) 열린 마음의 교사

학생의 입장에서 열린 마음으로 대하는 교사의 모습이 필요하다. 그러기 위해서는 교사가 학생을 올바른 측면에서 이해하려는 자세가 필요하고, 학생을 존엄한 인격체로 대하면서 항상 열려 있는 자세로 학생의 입장에서 이해하도록 노력해야 한다.

5) 사명감 높은 교사

교직에 대한 높은 사명감을 갖고 학생 앞에 임하는 자세가 필요하다. 즉, 교직은 다른 직업과 다르게 인간을 올바른 방향을 나아가게 변화시키는 중요한 천직으로 여겨야 한다, 그러므로 교직에 대한 자부심과 소명감, 교사로서 역할과 책임을 다하는 자세, 건전한 정신과 교직에 대한 투철한 사명의식을 갖고 있어야 한다.

6) 학급경영 능력 있는 교사

교사는 수업에 대한 내용도 중요하지만 자신이 맡은 학급을 어떻게 경영할 것인가에 대한 경영능력이 요구된다. 담임교사가 어떻게 학급을 경영하는가에 따라 학급의 분위기와 학생들의 변화에 상당한 영향을 미치게 된다. 그런 관계로 담임교사는 새 학기에 자신이 맡은 학급을 어떻게 경영할 것인가에 대한 철저한 계획과 준비를 토대로 학급경영을 잘 영위해야만 한다.

7) 인간미가 넘치는 교사

교사이기 이전에 한 인간으로서 참된 모습이 인간미이다. 그러므로 다른 직업의 사람보다 교사는 더욱 더 인간미가 있어야 학생에게 참된 모습을 보여줄 수 있다. 즉, 인간미가 넘치는 교사는 학생에게 따뜻한 마음을 보여주고, 가정의 부모와 같은 모습으로 학생을 대하고 다가가야 서로 간에 진실 된 마음을 열고 학생을 지도할 수가 있다.

8) 올바른 인격소유자의 교사

인격은 그 사람의 품성 또는 품격이라고 할 수 있다. 그러므로 교사는 제대로 된 인경형성이 되어 있어야 거기서 나오는 품성이 학생에게 전달되고 학생을 올바른 인성지도에 도움이 될 수 있다. 인격은 그 사람의 성격과 언행을 보여주는 것으로 교사로서 인격은 그만큼 학생에게 많은 영향을 미치게 된다.

그리고 대학생들의 관점에서 생각하는 이상적인 교사상은 〈표 3-1〉과 같다.

〈표 3-1〉 대학생이 생각하는 이상적인 교사상

교사상	세 부 사 례
수업지도 능력이 뛰어난 교사	• 풍부한 지식을 소유한 교사 • 자료준비를 철저히 하여 흥미와 동기유발을 촉진하는 교사 • 적절한 수업방식으로 효과적으로 전달하는 교사 • 다방면으로 학습의 신장을 도모하는 교사 • 늘 연구하고 공부하는 교사
꿈과 희망을 주는 교사	• 비전을 제시해주는 교사 • 개인적인 고민상담 능력이 있는 교사 • 진로상담 능력이 있는 교사 • 잠재능력을 발견하고 키워주는 교사
공평한 관심과 사랑을 실천하는 교사	• 학생 개개인에 대한 관심과 사랑이 있는 교사 • 학생 모두를 끝까지 포기하지 않는 교사 • 차별하지 않고 학생 한명 한명의 소중함을 아는 교사
열린 마음으로 학생을 바르게 이해하는 교사	• 학생을 바르게 이해하기 위해 노력하는 교사 • 열린 마음으로 경청하는 교사 • 학생을 한 인격체로 존중하는 교사
교직에 대한 사명감을 지닌 교사	• 교직에 대한 자부심과 소명의식을 지닌 교사 • 교사로서 책임과 의무를 다하는 교사 • 건전한 정신과 투철한 사명감을 지닌 교사

교사상	세 부 사 례
학급경영 능력이 있는 교사	• 학생과 효과적인 의사소통 능력을 지닌 교사 • 적절한 훈육기술을 지닌 교사
인간미가 있는 교사	• 인간적인 따뜻함을 지닌 교사 • 가족같이 편안한 교사 • 친구처럼 취미나 관심사를 공유할 수 있는 교사
바른 인격의 표본이 되는 교사	• 올바른 언행과 가치관을 지닌 교사 • 삶의 본보기가 되는 교사 • 바른 인격을 지닌 교사

자료: 김인정, 교직과정 이수중인 대학생이 생각하는 바람직한 교사상, 인천대학 교육대학원, 2008.

2. 참다운 교사의 자질

첫째, 굳건한 기력을 가진 사람이어야 한다.

둘째, 쾌활한 성격의 소유자가 되어야 한다.

셋째, 교육에 대한 열정적인 사람이어야 하고, 교직을 천직으로 삼을 각오가 있는 사람이어야 한다.

넷째, 예리한 재능을 가진 사람이어야 한다.

다섯째, 명철한 분석적이고 종합적인 판단을 할 수 있는 사람이어야 한다.

여섯째, 올바른 인생관의 소유자이어야 한다.

일곱째, 심오한 학식과 자애가 넘치는 사람이어야 한다.

3. 교사의 역할

교사의 역할은 여러 관점에서 논할 수 있고, 교사가 어떤 역할을 하는가에 따라 학생들에 대한 지도결과가 다르게 나타나게 된다. 이런 관점에서 교사의 역할은 크게 학습지도, 생활지도, 특별활동지도, 학급경영 등으로 구분 지을 수 있다.

1) 학습지도

학습지도는 교사의 가장 기본적인 내용이고 중요한 영역이다. 학습지도는 어떻게 교사가 맡은 과목을 학생들에게 수업할 것인가에 내용들로 구성된다고 할 수 있다. 학습지도의 결과에 따라 학생들의 수업도달점도 다르게 나타나며 학생들이 진학을 하거나 직업을 선택할 때 중요한 지식을 익히는데 중요한 역할을 한다고 할 수 있다.

학습지도를 위해서는 교사가 자신의 맡은 교과목에 대한 전문적 지식을 숙지하고 있어야 하며 학습지도와 관련된 지도 경험과 열정을 담고 있어야 한다.

2) 생활지도

학습지도와 생활지도 중 어느 것이 먼저이고 중요한가에 대한 논쟁이 있을 수 있다. 그러나 일반적인 견해에 따르면 가장 기본적인 생활지도가 형성되어 있지 않은 상태에서 학습지도가 이루어지는 것은 어려운 상황이고, 한편으로 학습지도가 잘 되어 있으면 생활지도가 별다른 문제가 발생하지 않을 수도 있다. 이런 측면에서 보면 상호간에 보완적인 관계가 있다고 할 수 있다.

그리고 생활지도를 위해서는 교사가 인간의 기본적인 행동특성에 대한 이해가 필요하고, 학생상담에 필요한 상담지식과 기법 등을 통해 생활지도가 이루어져야 한다.

3) 특별활동지도

특별활동의 경우 근본적인 교육활동 외의 학교에서 이루어지는 모든 활동을 지칭한다. 특별활동은 학급활동, 클럽활동, 기타 학생자치활동 등이 포함된다.

특별활동은 학교활동에 능동적이고 자율적인 참여를 통해 바람직한 사회구성원으로 기본적인 자질을 형성하는데 필요한 활동이다. 이런 특별활동을 위해 교사는 인간관계 형성에 필요한 이해와 기술, 능동적이고 적극적인 참여를 유도할 수 있는 자질, 학생에 대한 인격존중을 위한 행동 등이 필요하다.

4) 학급경영

학급경영은 학교의 가장 기본적인 단위로서 학생의 학습과 생활지도를 통해 학급이 추구하고자 하는 목표를 달성하기 위해 교사와 학생이 협동적 행위가 요구되는 것이다.

학급경영은 학급 내에 학생간의 인간관계 형성, 학급의 분위기를 조성하여 학급구성원인 학생들이 전인적 교육을 통해 바람직한 사회구성원으로 살아갈 수 있는 기본적인 근간을 형성한다고 할 수 있다.

이와 같은 학급경영을 위해서 교사는 사무처리 능력, 학부모와의 바람직한 관계형성 및 유지, 리더십을 통한 학급을 이끌어가는 능력이 필요하다.

4. 교사의 유형

교사의 유형은 교사가 학생의 지도와 관련하여 어떤 행동유형을 보이는가에 대한 내용이다. 즉, 학습지도, 생활지도, 특별활동지도, 학급경영에 중요한 작용을 하여 학생에 미치는 영향이 크다고 할 수 있다.

이런 관계로 교사의 유형에 따라 학생들의 학습능력, 학생들의 인격형성, 급우들 간의 교우관계 등에 상당한 역할을 좌우한다.

교사의 유형은 여러 형태로 구분 지을 수 있지만 일반적으로 전제형, 자유방임형, 민주형으로 구분할 수 있고, Thelen에 의하면 7가지 유형으로 구분하고 있는데 구체적인 내용은 다음과 같다.

1) 전제형

전제형 교사의 경우 학생을 지도하는 데 체벌을 통한 강압적 위주로 학생들을 지도하는 교사라고 할 수 있다. 자신의 기분에 따라 혹은 자신의 편의대로 강제적으로 학생을 지도하는 유형으로 학생들의 의사를 전혀 반영하지 않고 자신의 결정이 옳고 수정하지 않는 타입으로 학생 참여가 전혀 반영되지 않은 지도이다.

이런 관계로 학생들은 억압과 통제 속에서 자신의 의견을 제시하거나 적극적인 참여가 결여되어 올바른 판단을 저해하고 민주적인 의사결정을 할 수 있는 능력이 발달되지 못하는 문제가 발생할 수 있다.

2) 자유방임형

일반적인 의미로는 학생 스스로가 판단하고 결정할 수 있다는 취지로는 자연적인 성장을 추구하는 것이라고 할 수 있다. 그러므로 학생들의 인격존중과 자율성을 위한다고 할 수 있지만 학생들의 무책임한 행동과 정신자세, 쉽게 포기하거나 의욕상실을 불러일으키는 결과가 양성될 수 있다.

3) 민주형

교사의 민주적 태도는 학생들의 자발적인 태도를 양성하고 개성 신장과 발달을 도모할 수 있다. 학생들의 적극적인 참여와 학습에 대한 열의가 있기 때문에 집단 활동의 적극적 참여와 협동정신 고취, 대화를 통한 의사결정, 자율적인 활동을 통해 학생들의 건전한 민주시민으로 양성할 수 있다.

그리고 위의 세 가지 유형을 비교해 보면 〈표 3-2〉와 같다.

〈표 3-2〉 교사의 지도유형

유형 기준	전 제 형	자유방임형	민 주 형
의사결정	교사의 권위에 따른 결정	개인의 자의에 의한 결정	집단토론에 의한 결정
지도계획	상황에 따라 교사의 자의에 의해 정해지므로 별도의 계획이 없음	모든 행동이 개인의 자의에 맡겨지므로 별도의 계획이 없음	토론에 의해서 몇 개의 계획이 대안으로 정해짐
지도방법	교사에 의한 전제적 방법	원칙적으로 교사는 관여하지 않으며, 학생의 의사에 맡김	민주적인 토론과 협동을 통한 참여와 권장
평가방법	교사의 자의에 따른 칭찬이나 체벌	개인의 활동에 대해서 원칙적으로 평가하지 않음	객관적인 사실이나 기준에 따른 상과 체벌

자료: 박완희, 교과교재 연구 및 지도법, 경성대학교 출판부, 1999. p. 24.

그리고 Thelen에 의하면 7가지 유형은 다음과 같다. 첫째, 제1유형(소크라테스형)은 교사 스스로가 자신을 논쟁과 토론을 선호하는 현자처럼 생각하는 것으로 교사가 질문을 던지고 학생들은 그들 자신의 결론에 따르도록 강요하는 것이다.

둘째, 제2유형(시민대회의장형)은 교사들은 학생들 간의 의견이 통일과 협동을 추구하며, 지역사회의 중요성을 강조하는 교사들이 이에 해당된다. 특정의 결과를 도출하기 보다는 연구적인 합의과정을 중요시 여기는 유형이다.

셋째, 제3유형(훈장형)은 학문적인 것보다는 학생들이 살아가는 방법을 배운다고 보고 교사, 학부모, 친구, 혹은 우두머리 등의 다양한 역할을 수행한다.

넷째, 제4유형(장군형)은 교사들은 법을 준수하며 명령에 복종하기를 바라며, 군대조직의 우두머리인 장군처럼 행동한다. 한국의 교사들은 이 유형의 교사로 많이 분류되고 그렇게 행동해 왔다고 할 수 있다.

다섯째, 제5유형(사업가형)은 이 유형은 교사가 회사조직의 최고경영자로 생각하여 종업원을 다루듯이 학생들은 약속된 기간 내에 학습과제를 어떻게 할 것인지를 약속한다.

여섯째, 제6유형(코치형)은 개인적인 의미보다는 집단적인 의미가 강하다. 집단을 위해서는 개인적인 희생을 감수하면서 결과에 중점을 두는 교사유형이다.

일곱째, 제7유형(관광안내원)은 우리가 필요한 사항을 검색하면 정확하게 해당되는 내용을 사전처럼 설명해 주는 유형이다. 즉, 질문에 대한 해답을 이해하기 용이하도록 마련되어 있다.

제3절 교원윤리강령

교사는 전문성을 요구하는 직업인으로 다른 분야의 전문직 종사자보다 높은 윤리의식이 요구된다. 그러므로 대한교육연합회가 1982년 5월 15일 스승의 날에 선포한 사도헌장과 사도강령은 다음과 같다.

제1장 스승과 제자

스승의 주된 임무는 제자로 하여금 고매한 자주정신을 가지고 국가·사회에 봉사할 수 있는 유능한 국민을 육성하는 데 있다. 그러므로

1. 우리는 제자를 사랑하고, 그 인격을 존중한다.
2. 우리는 제자의 심신발달이나 가정의 환경에 따라 차별을 두지 아니하고 공정하게 지도한다.
3. 우리는 제자의 개성을 존중하며, 그들의 개인차와 욕구에 맞도록 알맞은 직업을 선택하도록 지도한다.
4. 우리는 제자에게 직업의 존귀함을 깨닫게 하고, 그들의 능력에 알맞은 직업을 선택하도록 한다.
5. 우리는 스스로가 원대한 이상을 세우고, 그 실현을 위하여 정진하도록 사제동행한다.

제2장 스승의 자질

스승은 스승다워야 하며, 제자의 거울이 되고, 국민의 사표가 되어야 한다. 그러므로

1. 우리는 확고한 교직관과 긍지를 가지고 교직에 종사한다.
2. 우리는 언행이 건전하고 생활이 청렴하며, 제자와 사회의 존경을 받도록 한다.

3. 우리는 단란한 가정을 이룩하고, 국법을 준수하여 사회의 모범이 된다.
4. 우리는 학부모의 경제적 · 사회적 지위를 이용하지 아니하며, 또 이에 좌우되지 않는다.
5. 우리는 자기 향상을 위하여 전문적인 지식과 전문화된 기술을 계속 연마하는데 주력한다.

제3장 스승의 실임

스승은 제자교육에 열과 성을 다하여 맡은 바 책임을 다하여야 한다. 그러므로

1. 우리는 사회의 일원으로서 모든 책임과 의무를 다한다.
2. 우리는 교재연구와 교육자료 개발에 만전을 기하여 수업에 최선을 다한다.
3. 우리는 생활지도의 중요성을 인식하여 제자들이 올바른 사람이 될 수 있도록 지도에 철저를 기한다.
4. 우리는 교육의 성과를 공정하게 평가하고, 이를 교육에 충분히 활용한다.
5. 우리는 제자와 성인들을 위한 정규과정외 활동에 적극 참여한다.

제4장 교육자와 단체

교육자는 그 지위의 향상과 복지의 증진을 위하여 교직단체를 조직하고 적극 참여함으로써 단결된 힘을 발휘할 수 있다.

1. 우리는 교직단체의 활동을 통하여 교육자의 처우와 근무조건의 개선을 꾸준히 추진한다.
2. 우리는 교직단체의 활동을 통하여 교육자의 자질향상과 교권의 확립에 박차를 가한다.
3. 우리는 편당적 · 편파적 활동에 참가하지 아니하고, 교육을 그 방

편으로 삼지 아니한다.

4. 교직단체는 국가의 주요 교육정책결정에 참여하여 교육자의 흥망과 주장을 충분히 반영한다.
5. 교직단체는 교육의 혁신과 국가의 발전을 위하여 다른 직능단체나 사회단체와 연대 활동한다.

제5장 스승과 사회

스승은 제자의 성장·발달을 돕기 위하여 학부모와 협력하여 학교와 사회와의 상호작용의 원동력이 되고, 국가발전의 선도자가 된다.

1. 우리는 학교의 방침과 제자의 발달상황을 가정에 알리고, 학부모의 정당한 의견을 학교교육에 반영시킨다.
2. 우리는 사회의 실정을 정확하게 파악하고, 지역사회의 생활과 문화향상을 위하여 봉사한다.
3. 우리는 사회의 요구를 교육계획에 반영하여 학교의 교육활동을 사회에 널리 알린다.
4. 우리는 국민의 평생교육을 위하여 광범위하게 협조하고 그 핵심이 된다.
5. 우리는 확고한 국가관과 건전한 가치관을 가지고 국민의식개혁에 솔선수범하며, 국가발전에 선도자가 된다.

핵심정리

- 교사와 관련한 다양한 호칭은 교원, 교육자, 선생, 스승으로 구분된다.
- 바람직한 교사상은 수업지도력이 높은 교사, 미래지향적인 교사, 평정심이 있는 교사, 열린 마음의 교사, 사명감 높은 교사, 학급경영 능력 있는 교사, 인간미 넘치는 교사, 올바른 인격소유자의 교사라고 할 수 있다.
- 교사의 역할은 학습지도, 생활지도, 특별활동지도, 학급경영 등이 있다.
- 교사의 유형은 전제형, 자유방임형, 민주형 등으로 구분된다.

제 4 장
생활지도

제 4 장
생활지도

제 1 절 생활지도의 개요

1. 생활지도의 개념

생활지도는 일반적으로 문제아에 대한 지도라고 생각할 수 있으나, 모든 학생들을 대상으로 성장발달을 촉진하여 바람직한 인격형성과 사회구성원으로 살아갈 수 있게 하는 중요한 교육의 한 영역이다.

2. 생활지도의 목표

첫째, 학생들이 자신을 정확하게 파악하도록 도움을 주어야 한다.

둘째, 학생들이 자신이 가지고 있는 능력과 적성을 발견하여 최대한 성장할 수 있도록 도움을 주어야 한다.

셋째, 학생들이 현재 자신에게 발생된 문제점을 파악하여 자발적으로 해결할 수 있는 능력을 기르는데 있다.

넷째, 학생이 정신적 · 육체적 · 지적 · 사회적인 여러 가지 측면에서 조화롭고 통합된 삶을 살아갈 수 있도록 도와주어야 한다.

다섯째, 학생들이 사회구성원으로 제 나름대로의 역할을 수행할 수 있도록 도와주어야 한다.

3. 생활지도의 활동원리

첫째, 모든 학생을 대상으로 해야 한다.

둘째, 처벌보다는 지도를 앞세운다.

셋째, 치료보다는 예방에 중점을 둔다.

넷째, 과학적인 근거를 기초로 한다.

다섯째, 자율성을 기본원리로 한다.

여섯째, 학생의 문제나 행동을 이해하기 위해서는 그럴만한 원인이 되는 특수한 상황의 탐구에 역점을 두어야 한다.

제2절 생활지도의 내용

1. 교육지도(학업지도)

교육지도는 학생이 학업에 대한 도달도가 떨어져 학업에 대한 관심을 잃게 된 학업부적응에 대한 지도가 필요하고, 학생이 학업성적에 대한 향상과 학업에 대한 동기부여 시킬 수 있는 학습방법지도 등이 필요하다. 이를 위해서는 첫째, 학기 초에 오리엔테이션을 통해 학교생활에 필요한 내용들을 학생들에게 주지시켜 학교생활에 문제가 없도록 해야 한다. 둘째, 학습지도로 교과목의 특성, 독서방법, 학습방법 등에 대한 내용을 지도해야 한다. 셋째, 진로지도로 대학진학 시 전공 선택, 자신의 적성에 맞는 직업선택에 대한 지도가 필요하다.

2. 인성지도

인성지도의 경우 학생의 개개인의 특성을 파악하여 진학이나 직업선택에 필요한 개성을 파악하게 하는 개성문제지도, 학교생활이나 가정적인 문제로 발생될 수 있는 욕구불만 진단 및 치료 등의 지도가 필요하다.

인격형성에 도움이 되는 학생의 취미생활과 올바른 인생관 정립에 대한 지도, 개인의 윤리적 생활에 대한 지도, 조화롭고 품격 있는 인격 형성이 되도록 지도가 필요하다.

3. 직업지도

직업지도의 경우 학생이 차후에 학생에게 적합한 직업을 선택할 수 있도록 적성을 파악하게 하는 직업적성지도, 상급학교에 진학할 경우 전공 선택이나 대학선택에 필요한 진학지도, 사회구성원으로 한 직업을 선택했을 경우 그 직업에 종사하는 직업인으로서 바람직한 행동에 도움이 될 수 있는 직업윤리 등에 대한 지도가 필요하다.

4. 사회성지도

사회성지도는 학생이 학교생활을 통해 형성되는 바람직한 친구를 사귈 때 필요한 교우관계지도, 이성에 대한 바람직한 시각과 이해에 대한 조언을 통해 이성문제지도, 결손가정이나 가정폭력과 같은 가정에서 발생되는 문제에 대한 가정문제지도 등이 필요하다.

5. 건강지도

건강한 사람으로 살아가기 위해서 필요한 각종 질병에 대한 정보와 상담지도가 필요하고, 건강을 위해 지켜야 할 위생 및 건강에 대한 정보 등의 제공을 통한 지도가 필요하다.

6. 여가지도

여가지도는 학생에게 주어진 시간을 어떻게 활용하는 것이 바람직한지에 대한 여가활용지도, 인간이 생동감 있고 바람직한 삶을 살아가는데 도움을 줄 수 있는 취미활동 등에 대한 지도가 필요하다.

7. 문제행동 지도

학생들에게 어떤 문제행동을 나타낼 때 그에 적합한 지도를 하는 것을 지칭한다. 학급을 대상으로 학생 전체에게 행하는 지도도 문제행동지도라고 할 수 있지만, 대부분의 경우 특정 학생이 문제행동을 발생시켰을 때 학생 개인에게 지도하는 형태를 취한다.

문제행동이 무엇인가 하는 것에 대해서는 많은 논란이 발생할 수 있다. 이전에는 문제행동으로 보았던 것이 현재에 들어서는 그렇지 않은 것도 있고 그 반대의 것도 존재한다.

8. 진로지도

진로지도의 경우 학생들이 자신의 적성에 맞는 진로를 찾을 수 있도록 하는 것이 중요하다. 다양한 진로선택이 있고 중요한 것은 자신이 좋아하는 영역을 찾아 가는 것이다. 하지만 현재의 진로선택은 대학진학에 치중하다 보니 올바른 진로지도가 되지 못하고 있는 실정이다.

그러므로 제일 중요한 것을 간과하고 있으므로 학생 자신에게 적합한 적성을 파악하고 그에 맞는 진로를 선택하여 취업이나 직업을 선택할 수 있도록 하는 것이 중요하다. 대학진학의 경우도 점수를 가지고 전공을 선택하는 것이 아니라 자신의 적성에 맞는 전공을 선택하여 대학진학 후 적응하지 못하는 문제가 발생되지 않도록 지도하는 것이 바람직하다.

올바른 지도가 그 학생의 평생에 영향을 주므로 형식에 치우진 지도보다는 1:1 상담을 통해 진로지도에 최선을 다해야 한다.

9. 가정생활지도

가정생활지도의 경우 학생이 태어나서 독립된 가정을 꾸려나가기 전까지 중요한 가정구성원으로서의 역할에 대한 지도가 필요하다. 그러므로 부모와의 관계도 중요하고 형제자매간의 관계가 올바르게 형성되어 행복한 가정의 한 구성원을 살아가는데 도움이 될 수 있는 지도가 필요하다.

화목한 가정에서 제대로 칭찬과 인정을 받고 자란 학생은 밝고 학교생활에도 문제가 없을 것이다. 하지만 가정적으로 문제가 있는 학생의 경우 학교적응에 문제가 생기고 문제 학생으로 전락할 수 있다. 만약에 이런 학생이 있을 경우 조기에 상담을 통해 해결책을 강구하여 가정생활에 적응할 수 있도록 해야 한다.

10. 성에 관한 지도

요즘의 경우 학생들이 정신적 성장과 신체적 성장이 균형적으로 성장하지 않다보니 사춘기도 빠르게 진행되어 성조숙증으로 문제가 발생되기도 한다.

정신적 성장은 되지 않았는데 이미 신체적으로 남자와 여자의 구분이 뚜렷하여 문제가 유발되는 것이다. 그러다 보니 학교생활과 일상생활에 적응이 되지 못하므로 치료를 해야 하는 경우가 발생한다.

그러므로 학교에서는 성에 관한 교육을 형식에 치우치지 말고 제대로 체계화된 교육과 지도를 통해 학생들에게 문제가 발생되면 빠르게 대처하여 학생의 심리적 안정감과 학교생활에 문제가 없도록 해야 한다.

성에 대해 10대에서 올바르게 인식할 수 있도록 교육이 이루어져 평생 성인으로 살아가는데 성에 대한 왜곡된 문제가 없도록 지도할 필요가 있다. 물론 가정의 부모와 연계하여 지도하는 것도 중요하고 전문가의 전문적인 상담을 통해 해결을 모색하는 것도 중요하다.

제3절 생활지도 활동의 유형

1. 학생조사 활동

생활지도에 가장 선행되어야 할 것은 생활지도 대상인 학생에 대한 정확한 데이터를 확보해야 한다. 학생에 대한 현재 상태와 문제점이 무엇인지를 파악하여 적절한 지도가 이루어져야 한다.

그러므로 생활지도를 위해서는 정해진 형식이 존재하는 것이 아니고 상황에 따라 다양한 형태로 나타나지만 다음과 같은 사항을 파악하는 것이 바람직하다.

첫째, 학생의 현재 도달점을 파악할 필요가 있다. 이는 학생이 현재 어느 정도 수준에 와 있으며, 성장 가능성 어느 정도 수준인지를 알아서 적합한 지도를 준비해야 한다.

둘째, 학생이 현재 학교, 가정에서 어떤 상황에 있는지를 이해해야 한다. 이는 학생이 학교에서 급우들 간의 관계, 가정에서 어떠한 문제를 안고 있는지 파악해야 한다. 특히 급우들 간의 관계는 학업성적과 학교적응에 중대한 영향을 미치므로 문제점을 잘 분석해야 한다.

셋째, 학생이 어떤 행동을 유발할 것인가를 이해할 필요가 있다. 즉, 학생이 현재의 상황과 여건을 바탕으로 어떤 행동을 나타낼 것인가를 예측하여 예방적 활동이 준비되어 있어야 한다.

그리고 학생을 이해하는 데 유용한 방법들은 다음의 방법들이 사용되고 있다.

(1) 관찰법

특정한 부분에 대해 어떤 행동을 나타내고 있는지를 주의 깊게 파악하고 기록하는 방법이다. 이 방법을 사용할 경우는 현장의 충분한 반응을 반영해 주지만 대상자에게 관찰되고 있다는 사실을 알려주지 않아야 얻고자 하는 데이터를 확보할 수 있고, 시간적 · 장소적 제약이 발생할 수 있다.

그리고 관찰에 있어서 주의할 사항은 다음과 같다. 첫째, 철저한 계획 하에 관찰해야 한다. 관찰대상, 관찰방법, 돌발 상황에 대한 대처법 등을 사전에 면밀히 검토하여 실시해야 한다.

둘째, 주관적인 것 보다는 객관적인 관점에서 관찰할 필요가 있다. 사전에 어떤 결말을 미리 설정해 두고 유도하는 방법으로 관찰을 하거나 편견을 가지고 관찰하게 되면 예상할 수 없는 관찰결과가 발생하게 된다.

셋째, 발생 가능한 상황조건을 충분히 검토해야 한다. 상황의 변화에 따라 다양한 결과가 도출될 수 있고, 주어진 어떤 조건에서 그와 같은 행동이 관찰되었는지 철저하게 기록하고 사건과 상황조건의 관련성을 파악할 필요성도 있다.

넷째, 측정하고자 하는 부분에 대한 행동표본을 대표할 수 있도록 할 필요가 있다. 표본이 어느 한 쪽에 치우칠 경우 모집단 전체를 대표할 수 없다는 사실을 인지하고 관찰해야 한다.

다섯째, 관찰에 필요한 기록방법을 미리 설정해 두어야 한다. 관찰에 대한 기록방법에 따라 정보의 형태와 양과 질이 다르게 나타날 수 있다. 그러므로 관찰에 적합한 다양한 방법을 활용해야 한다.

관찰법의 장점은 첫째, 피 관찰자의 행동이 자연스런 행동을 직접적으로 현장에서 파악할 수 있다. 둘째, 고의성을 배제하고 자연스러운 분위기 속에서 관찰이 이루어질 수 있다. 셋째, 연령이나 성별 등에 영향을 받지 않고 다양한 부류의 사람을 관찰할 수 있게 된다.

그러나 관찰법의 단점은 첫째, 자연스런 행동이 유발될 때 까지 기다려야 하므로 언제 피 관찰자의 행동이 발생할지 모르게 된다. 둘째, 동일한 행동이지만 피 관찰자에 따라 다른 의미를 부여될 수 있으므로 편견이나 선입견이 배제되어야 한다. 셋째, 피 관찰자의 행동이 연결되어 있으므로 일정 부분 행동 하나만을 통해서 해석하는 것은 문제가 발생될 수 있다. 넷째, 관찰결과물에 대해 신뢰성과 타당성을 확보하는데 상당한 어려움이 따른다.

(2) 질문지법

질문지법은 질문지를 학생에게 주어서 학생의 입장에서 답을 하게끔 하는 방법이다. 그러나 중요한 것은 질문지 문항의 내용을 어떻게 구성하느냐에 따라 원하는 답을 얻을 수 있다는 것으로 질문문항을 신중하게 생각하여 작성할 필요가 있다.

그리고 이 방법의 경우 짧은 시간 내에 많은 비용을 들이지 않고 데이터 수집이 가능하나, 대상 학생이 질문에 솔직하게 답하지 않을 경우 데이터는 의미가 없게 된다.

질문지의 작성 시 절차에 의해서 바람직한 질문지를 작성하여 획득하고자 하는 정보를 얻을 수 있게 해야 한다. 첫째, 조사하고자 하는 목적을 정확하게 수립해야 한다. 이를 바탕으로 적절한 내용의 문항들이 구성되어지게 된다.

둘째, 조사목적에 적합한 내용을 토대로 질문지 구성을 계획해야 한다.

셋째, 조사결과에 적합한 통계처리 방법과 해석방안을 결정해야 한다.

넷째, 실제로 조사하고자 하는 내용을 분석하여 질문문항을 작성해야 한다. 문항 수에 따라 조사결과가 다르게 도출될 수 있으므로 적합한 문항 수를 결정하는 것이 중요하다.

다섯째, 본 조사에 앞서 사전조사를 준비해야 한다. 사전조사는 설문지를 작성하여 설문조사를 실시하여 설문내용 수정과 바람직한 본 조사가 될 수 있도록 다듬어지는 단계이다.

여섯째, 제대로 된 설문지를 만드는 단계이다. 여기서는 설문에 응답하는 조사대상자들이 믿고 설문조사에 응할 수 있도록 해야 하고 통계 목적 외에 다른 용도로는 사용되지 않음을 주지시킬 필요가 있다.

그리고 질문지법의 장점은 첫째, 조사자가 기대하지 않았던 결과를 얻을 수 있다, 둘째, 질문지를 통해 복잡한 문제를 조사할 경우 예비조사의 목적에 유용하게 사용된다. 셋째, 설문조사 결과 보고서 작성 시 인용이 용이하다. 단점은 첫째, 응답자에게 심리적 부담감을 줄 수 있다. 둘째, 무응답의 경우 통계처리가 곤란하게 된다. 셋째, 설문조사원에게 충분한 조사취지와 설문대상자들에게 설문을 유도하기 위한 교육이 필요하다.

(3) 면접법

면접법은 면접대상을 직접 만나서 대화를 통해 자료를 획득하는 것이며, 직접적인 면담을 통해 현장감 있는 자료를 얻을 수 있다. 하지만 이 방법의 경우도 면접장소와 시간을 사전에 약속하여야 할 필요가 있고, 면접대상자와 자연스러운 분위기를 조성하지 않으면 바람직한 결과를 얻는데 어려움이 수반된다.

면접법의 장점은 첫째, 글을 모르는 경우에도 말로서 실시할 수 있다. 둘째, 면접법은 1:1로 만나서 응답을 하는 방법이므로 다른 사람의 방해를 받지 않고 조사가 가능하다. 셋째, 면접법은 질문에 대한 깊이 있는 답을 얻어낼 수 있다. 넷째, 대화과정에 자연스럽고 편안한 분위기 속에서 응답자의 진실성을 파악할 수 있다.

면접법의 단점은 첫째, 다른 방법에 비해 시간과 비용이 많이 발생한다. 둘째, 면접에 필요한 지식과 기법을 숙지하고 있어야 하므로 사전에 적합한 사람을 확보하기 어려운 경우도 있다. 셋째, 조사자가 자신의 의도한 방향으로 유도하여 타당성, 객관성, 신뢰성에 문제가 발생할 수 있다. 넷째, 익명성이 있다고 할 수 있지만 차후에 발생될 문제를 염두에 두고 자신에 불리하다고 판단되는 부분에 정확한 답을 하지 않을 수도 있다. 다섯째, 면접법의 결과치가 정량적인 것보다 정성적인 것일 경우 계량화가 곤란한 경우도 있다.

(4) 사회측정법

사회측정법은 학생간의 친밀도와 문제점을 파악하는 방법으로 학생들 사이에 교우관계가 어떻게 형성되어 있는지를 그림으로 그려서 측정이 가능한 것이다.

사회성 측정법은 첫째, 새로운 집단을 구성하거나 기존의 집단구조를 재구성할 때 유용한 정보를 얻을 수 있다.

둘째, 학생의 사회성 발달 정도를 파악하고 사회적 적응을 위해 도움을 필요로 하는 학생을 찾아내고 그 원인을 진단하고자 할 때 사용된다.

셋째, 집단의 응집력과 집단내 학생들 간의 수평적·수직적 관계를 분석하고자 할 때 유용하게 사용할 수 있다.

대표적인 사회성 측정법으로는 긍정적 기준 또는 부정적 기준에 따라 급우를 몇 명 지명하게 하는 방법인 또래 지명법과 특정 준거에 따라서 각 학생을 리커트식으로 평가하게 하는 방법인 평정척을 들 수 있다. 또래 지명법과 평정척 같은 사회성 측정법은 반복적 평가나 지속적

평가가 불가능하며, 또래 지위에 영향을 미치는 행동에 관한 정보를 제공하지 못하는 단점이 있다.

(5) 검사법

검사법은 이미 각종 검사의 표준화된 양식의 검사를 통해 그 결과에 대한 검사의 해석을 바탕으로 학생들에게 적합한 지도를 할 수 있게 하는 방법이다.

(6) 사례연구법

사례연구법은 학생의 실제 사례를 바탕으로 문제점을 파악하고 그에 적합한 대응책을 제시하는 것이다. 이 방법의 경우 보편적인 방법을 제시하지 못하지만 특정 문제에 심도 있는 연구에는 바람직하다.

2. 정보수집 및 제공활동

학생지도를 통해서 다양하고 많은 정보를 얻게 되지만 이런 정보가 학생을 파악하고 지도하는 측면에서 도움이 될 수 있도록 해야 한다.

생활지도를 위해서 필요한 정보는 여러 가지가 있는데 그 내용은 다음과 같다. 첫째, 교육과 학습에 필요한 정보를 들 수 있다. 이 정보는 학생이 학교생활에 필요한 교칙, 학생이 수업에 필요한 교과목이 정리가 된 교육과정, 각종 활동, 대학진학에 필요한 사항, 학교 내 학생이 이용하게 되는 각종 시설 이용방법 등이 있다.

둘째, 진로정보가 중요하다. 이는 학생이 졸업 후 상급학교 진학이나 직업선택에 도움이 되는 자료를 말한다. 특히 진학에 필요한 전공 선택의 중요성, 직업의 종류나 특징을 통해 직업선택이 사회생활에 미치는 영향, 직장이나 직업에 필요한 업무내용, 직업에 따른 작업내용 등이 여기에 해당된다. 특히, 현재 작업분류와 직종, 취업관련 유관 기관, 직장인으로서의 자세와 준비사항 등에 관한 정보를 제공하는 것이다.

셋째, 학생 개인의 정보가 중요하다. 이에 도움이 되는 정보는 이성에 대한 이해와 태도, 학생이 처한 가정환경과 부모가 어떤 역할을 하고 있는가? 바람직한 여가활용방법 등에 관한 정보가 필요하다.

3. 상담활동

상담활동은 생활지도에 중요한 영역으로 교사가 담당할 수 있지만 바람직한 상담은 전문적인 지식과 경험을 겸비한 상담전문가, 상담교사에 의한 상담이 의미 있다고 할 수 있다. 최근에는 학교에 상담전문교사를 두고 다양하고 깊이 있는 전문적인 상담을 하고 있는 실정이다.

상담의 방법으로는 집단교육, 학급단위 상담, 소그룹 상담, 개인상담, 가족구성원 상담, 심리검사 활용상담 등이 있다. 첫째, 집단교육의 경우 가장 일반적인 형태이고 오래된 방법이다. 이 방법의 경우 주어진 시간 내에 많은 학생들의 교육이 이루어지는 관계로 시간 비용적인 측면에 효율적인 방법이고 주로 조회나 종례시간을 통해 많이 이루어진다.

둘째, 학급단위 상담의 경우 교사들이 학급의 제반적인 사항을 활용하여 이루어지는 상담형태이다.

셋째, 소그룹 상담은 통상 10명 내외의 학생들을 그룹으로 구성하여 주제를 정해 두고 적합한 내・외부 전문가를 통해 진행되는 것이다.

넷째, 개인상담의 경우 1:1 상담으로 사전에 철저한 준비가 필요하고 철저한 비밀을 지켜 상담하는 학생이 편안한 가운데 진행되도록 분위기를 조성해야 한다. 특히, 상담에 응할 경우 상담에 응하는 학생의 얘기를 충분히 들어주고 그에 상응하는 해결책을 조언해 주는 것이 바람직하다.

다섯째, 가족구성원 상담은 가족의 상담을 통해 가정 내에서 학생의 가족관계의 친밀도와 현재 상태를 파악할 수 있다. 그러나 중요한 것은 학부모가 적극적으로 상담에 임하는 것이 중요하고 가족의 지원이 제대로 된다면 학생이 안고 있는 문제점 해결에 많은 도움이 될 수 있다.

여섯째, 심리검사 활용상담의 경우는 청소년이 안고 있는 여러 가지 문제를 심리검사를 이용하여 학생의 현재 심리적 상태와 문제점을 파악할 수 있다. 하지만 이를 시행할 경우 시간과 비용이 많이 발생하고 전문가의 조언이 필요할 수 있다.

4. 정치활동

정치활동은 학생들이 현재 자신들에 필요한 부분을 채우기 위해 계획 설정, 새로운 자신의 위치를 정하여 그 방향으로 성장해 갈 수 있도록 도움을 주는 모든 활동을 의미한다. 이에 해당되는 것은 학생이 1년 동안 소속되는 반을 배치하는 일, 학생의 번호를 매겨 좌석을 배치하는 일, 학습을 효과적으로 할 수 있는 방법 등이 정치활동에 해당된다고 할 수 있다.

그리고 Pietrofesa 등은 상담의 유형을 피상담자에 따라 4가지로 구분하고 있는데 그 내용은 다음과 같다.

첫째, 위기상담으로 자신의 주변에 발생된 위기적 상황에 따른 상담이다. 이 유형의 경우 심리적으로 불안한 상태이므로 전문가의 도움으로 마음의 안정을 찾아갈 수 있도록 해야 하는 것이 중요하다.

둘째, 촉진상담으로 현재 자신이 처한 여러 가지 문제, 즉 학업이나 진학, 직업선택 문제 등을 자신에게 적합하도록 선택하고 그 선택이 달성될 수 있도록 촉진시켜주는 상담이다. 이 유형의 상담은 가장 흔하고 빈번한 상담으로 상담자가 문제부분에 전문적인 지식과 경험 및 정보를 가지고 있어야 한다.

셋째, 예방상담으로 이 상담의 경우 미래에 발생할 수 있는 문제를 미연에 방지하고자 하는 것이다. 이와 관련한 상담은 약물 오남용 및 중독, 이성과의 관계에서 발생되는 성교육에 대한 상담이다. 심각한 상황이 발생한 경우 해당 분야의 전문가에 의뢰가 뒤따를 수도 있다.

넷째, 발달상담으로 학생이 성장해 가는 과정에서 발생되는 문제에 대한 상담이다. 즉, 초등학교, 중학교, 고등학교의 각 연령대에 발생할 수 있는 적응문제와 관련된 상담이라고 할 수 있다.

5. 추수지도 활동

추수지도 활동은 학습활동과 생활지도의 결과를 지속적으로 유지시키기 위한 교육활동이라고 할 수 있다. 즉, 생활지도를 받은 학생이 얼마나 바람직한 방향으로 개선되었는가를 파악하는 것으로 정치활동 후 연계되는 활동이다.

추수지도 활동의 대표적인 것은 첫째, 연관된 상황에 필요한 정보를 지속적으로 제공해 주는 일이라고 할 수 있다. 둘째, 자신을 평가하고 이해하는 데 도움이 되는 정보를 제공해 주는 일이다. 셋째, 생활지도와 관련된 성과가 지속되고 있는지 여부를 실제로 확인해 보는 일이다. 넷째, 학교와 학교를 둘러싸고 있는 지역사회, 가정, 학생들 간의 유대를 긴밀하게 만들어 주는 일이다. 다섯째, 현재 지도가 이루어지고 있는 학생들에게 도움이 될 수 있는 정보나 자료를 제공해 주는 일이다. 여섯째, 과거에 지도를 했던 학생들에게 지속적인 상담이나 지도가 될 수 있게 하는 일이다.

핵심정리

- 생활지도는 학생들을 대상으로 성장발달을 촉진하여 바람직한 인격형성과 사회구성원으로 살아갈 수 있게 하는 중요한 교육의 한 영역이다.

- 생활지도의 목표는 첫째, 학생들이 자신을 정확하게 파악하도록 도움을 주어야 한다. 둘째, 학생들이 자신이 가지고 있는 능력과 적성을 발견하여 최대한 성장할 수 있도록 도움을 주어야 한다. 셋째, 학생들이 현재 자신에게 발생된 문제점을 파악하여 자발적으로 해결할 수 있는 능력을 기르는데 있다. 넷째, 학생이 정신적 · 육체적 · 지적 · 사회적인 여러 가지 측면에서 조화롭고 통합된 삶을 살아 갈 수 있도록 도와주어야 한다. 다섯째, 학생들이 사회구성원으로 제 나름대로의 역할을 수행할 수 있도록 도와주어야 한다.

- 생활지도의 활동원리는 첫째, 모든 학생을 대상으로 해야 한다. 둘째, 처벌보다는 지도를 앞세운다. 셋째, 치료보다는 예방에 중점을 둔다. 넷째, 과학적인 근거를 기초로 한다. 다섯째, 자율성을 기본원리로 한다. 여섯째, 학생의 문제나 행동을 이해하기 위해서는 그럴만한 원인이 되는 특수한 상황의 탐구에 역점을 두어야 한다.

- 생활지도의 내용은 교육지도, 인성지도, 직업지도, 사회성지도, 건강지도, 여가지도, 문제행동 지도, 진로지도, 가정생활지도, 성에 관한지도로 구성된다.

- 생활지도 활동의 유형은 학생조사 활동, 정보수집 및 제공활동, 상담활동, 정치활동, 추수지도 활동 등으로 나눌 수 있다.

제5장

수업 및 수업평가

제 5 장
수업 및 수업평가

제 1 절 수업의 개요

1. 수업의 개념

학교에서 중요한 활동은 수업으로 교사와 학생간의 중요한 영역이다. 학생은 수업을 통해서 지식을 습득하고 상급학교에 진학이나 취업에 따른 준비를 할 수 있게 한다. 그러므로 수업은 교사가 자신이 수업시간에 전달하고자 하는 수업목표를 정하고 학생에게 필요한 지식을 일방적인 전달보다는 이해를 통해 자신의 것으로 만들 수 있도록 하여 학생을 변화시키는 노력이 필요하다.

따라서 수업을 진행함에 있어서 좋은 수업은 수업에 필요한 내용을 계획하고 실행시키기 위해서 수업절차가 중요한데 단계는 다음과 같다.

첫째, 계획단계로 학습과제 분석, 수업계획, 실천계획 등이 해당된다.

둘째, 진단단계로 진단 실시, 결손정도 분류, 심화 또는 교정학습이 필요하다.

셋째, 지도단계로 도입, 전개, 정리가 필요하다.

넷째, 발전단계로 형성평가, 학습완성, 심화 또는 보충학습이 해당된다.

다섯째, 평가단계로 종합평가, 결과활용이 이루어진다.

2. 수업의 원리

수업은 어떻게 진행되어야 바람직한가는 수업이 어떤 원리를 통해 진행되는가를 통해 수업목표 달성여부를 체크해 볼 필요가 있다. 그러므로 수업의 원리가 중요하므로 그 내용은 다음과 같이 살펴볼 수 있다.

첫째, 수업이 진행되는 과정에 학생들의 적극적인 참여가 있어야 한다. 교사의 일방적인 주입식 수업보다는 학생들이 수업내용에 적극 참여하게 되면 학습자는 이해도가 높아지게 된다.

둘째, 수업을 통해 결과물을 이해하기 위해 수업이 이루어지는 과정에 관찰이나 실험, 경험이 필요하다.

셋째, 수업은 주어진 문제를 해결하는 해결력, 탐구력, 발견을 통한 학습동기를 자극해야 한다.

넷째, 수업을 통해 습득된 지식은 기억해야 한다. 기억되기 위해서는 반복과 연습이 필요하다.

다섯째, 수업이 이루어지는 학급에서 개인차를 인정해야 한다. 개인차를 인정하여 학습자가 이해할 수 있도록 수업이 진행될 필요성이 있다.

여섯째, 수업을 통해 학습자의 변화가 이루어져야 한다. 수업은 학습자의 여러 측면에서 변화를 주게 된다. 즉, 지적, 정서적, 신체적 측면에 변화를 가져오게 된다.

일곱째, 수업을 통해 학습에 영향을 주는 상벌이 뒤따르게 된다. 상벌은 공정하고 신중하게 이루어져야 하는데, 특히, 벌보다는 칭찬을 통해 학습자가 변화되기를 기다려 주는 것이 교육의 중요한 역할이다.

3. 수업의 조건

수업은 수많은 조건을 두고 진행되는 것이지만 좋은 수업은 그 만큼 교사와 학생, 수업매체, 학습자의 도달도 등에 따라 차이가 발생할 수 있다.

좋은 수업은 교과서의 선택과 충분한 내용을 전달할 수 있는 수업, 어려운 수업내용을 학생들이 쉽게 이해할 수 있도록 풀어가는 방법, 개인차를 인정한 수업, 사고력을 배양할 수 있는 수업, 인간관계를 중요시하는 수업이라고 할 수 있다.

하지만 좋은 수업의 가장 근본적인 조건은 수업목표의 설정이 적합한가, 수업을 통해 기대했던 수업목표를 달성할 수 있는가, 수업목표에 적합한 수업방법이 활용되고 있는지가 중요하다.

4. 수업목표

1) 수업목표의 의의

수업목표는 교사가 주어진 시간동안 학습자에게 전달하여 성취하고자 하는 내용이라고 할 수 있다. 즉, 수업종료 후 학습자에게 나타나는 외적 및 내적 변화를 보여주는 것으로 지식 · 흥미 · 태도 · 기능 등의 변화를 지칭한다고 할 수 있다.

그리고 수업목표는 교사가 해야 할 역할을 체계적으로 나타내 주고 학습자들의 학습의욕을 촉진하는 촉매제 역할을 하며, 수업내용과 방법, 수업에 필요한 매체를 선택하는데 도움을 주고, 수업의 질을 결정하는 데에 중요한 역할을 하게 된다.

아울러 수업목표는 여러 가지 기능을 제시하는데 첫째, 수업목표는 수업이 지향해야 할 목적지를 제시해 준다. 둘째, 수업목표는 수업내용, 즉 수업의 콘텐츠라고 할 수 있다. 셋째, 수업목표는 학습자에게 학습의욕을 불러일으키게 한다. 넷째, 수업목표는 수업의 성패여부를 판가름 하는 중요한 기준점이 된다.

2) 수업목표의 필요성

수업목표는 수업을 진행하여 달성하고자 하는 도달점이다. 그런 관계로 수업목표가 명확해야 충실한 수업을 통해 목표에 도달하게 된다.

수업목표의 필요성은 첫째, 수업목표가 정확하게 되면 교사는 수업시간에 무엇을 가르쳐야 하는지가 명확하고 학습자는 무엇을 배워야 하는 지가 명확하여 시간낭비를 하지 않아 수업의 능률을 증진할 수 있다.

둘째, 학습자의 경우 수업목표를 정확하게 인지하면 학습자 자신에게 적정한 수업계획을 설정하여 학습에 대한 효과를 증대시키게 된다.

셋째, 수업목표가 명확하면 학습평가가 용이하고, 수업의 질적인 측면을 제고할 수 있다.

넷째, 수업목표가 세분화되고 도달해야 할 행동이 명확하게 되어 수업에 필요한 수업매체 선택이 용이하게 된다.

3) 수업목표 설정의 유의사항

수업목표의 설정은 수업에 상당한 영향을 미치게 되므로 수업목표를 제대로 설정해야 한다.

그러므로 수업목표 설정시 유의사항은 다음과 같다. 첫째, 수업목표는 교사의 역할측면에서 수업목표가 설정되어서는 안 된다. 수업목표는 교사와 학생이 일체가 되어 수업목표를 도달해야 하는 것이다.

둘째, 수업목표는 학습수행과정보다는 학습결과로 나타나게 되는 학습자의 변화가 중요하다. 학습을 통해 학습 전후에 여러 측면에서 변화가 요구되는 것이지 학습과정적인 것이 아니다.

셋째, 세부수업목표에 단순하게 교재의 일부주제를 열거해서는 안 된다.

넷째, 수업목표 설정시 세부수업목표가 너무 지나치게 자세하게 열거할 필요는 없다.

5. 좋은 수업

좋은 수업은 철저한 수업준비와 흥미 있고 재미있는 수업, 학생들의 적극적 참여가 있는 수업, 학생들의 눈높이를 맞추는 수업 등이라고 할 수 있다.

한국교육평가원(2004)에서 설문조사한 결과를 바탕으로 교사들이 생각하는 좋은 수업은 〈표 5-1〉과 같다,

〈표 5-1〉 한국의 초·중등 교사들이 생각하는 좋은 수업

유 형	내 용
수업 전 준비와 계획	- 치밀하고 심도 있는 수업 계획 - 전문 지식 함양과 열의 있는 준비 - 수업과 관련하여 충분한 사전 준비 - 준비가 잘 된 수업
수업목표 도달	- 수업목표 80% 이상 도달 - 수업목표에 효율적으로 달성 - 학습목표 최대 달성 - 목표가 명확하고 목표달성이 잘 이루어지는 수업
흥미있고 재미있는 수업	- 학생들에게 즐거운 수업 - 학생들이 재미있어 하는 수업 - 동기유발수업
학생들이 적극 참여하는 수업	- 혼연일치, 구경꾼이 없는 수업 - 학생참여도가 높은 수업 - 학습자가 능동적으로 참여하는 수업 - 학생들의 많은 노작, 사고활동으로 스스로 결론을 이끌어 내는 수업 - 학생이 주체인 수업
교사-학생간의 상호작용이 활발한 수업/신뢰 및 공감대가 형성된 수업	- 교사와 학생간의 적극적인 상호작용 - 교사와 학생간의 호흡이 맞는 수업 - 교사와 학생의 교감이 높은 수업 - 깊은 교감으로 상호 이해와 만족감을 주는 수업 - 교사와 학생 인간관계가 형성된 수업
학생을 이해하고 눈높이를 맞추는 수업	- 학생 눈높이에 맞춘 수업 - 학생특성 이해하기 - 학생능력에 맞게 수업하며, 한 단계 발돋움시키는 수업 - 학습내용을 잘 이해하도록 하는 수업 - 개인차를 고려한 수업 - 학생수준을 고려한 탄력적 수업 - 수준별 수업 - 알기 쉬운 친절한 개별지도

유 형	내 용
효과적인 수업모형/ 방법을 적용하는 수업	– 학습자의 사고력을 신장시키는 발문 사용 – 적합한 수업모형으로 학생들 수준에 맞게 재구성한 수업 – 토론을 장려하는 수업 – 강의식과 학생활동이 혼용된 수업 – 교과내용의 분명한 전달 – 교수 학습원리에 충실한 수업 – 내용의 정확성, 지식 전달량이 많은 수업
수업자료, 교구 등이 잘 갖추어진 수업	– 훌륭한 수업자료 연구 – 일반화 가능한 정보와 자료제시 – 다양한 학습자료 사용 – 적절한 교구이용 – 단원에 가장 적합한 자료 활용 – 다양한 매체활용
평가를 통해 학생들의 이해와 흥미를 높이는 수업	– 평가를 통해 학생들의 이해와 흥미를 높이는 수업
교실환경이 잘 정비되고 효과적인 수업운영	– 학생이 새로운 세상에 눈뜨게 하는 수업 – 교수학습에 대한 자기평가로 수업의 질 향상 도모 – 교실환경이 잘 어우러진 수업 – (학생들의)학습훈련이 잘 된 수업
교사가 반성하고 연구하는 수업	– 바른 교육철학, 충분한 연구 – 늘 고민하고 연구하는 교사
기 타	– 학생이 새로운 세상에 눈뜨게 하는 수업

자료: 한국교육과정평가원, 수업평가 기준 개발 연구(Ⅰ), 연구보고 RRI 2004-2005, 2004. pp. 64-65.

제2절 수업의 절차

1. 수업설계 단계

이 단계는 수업을 위한 준비과정으로 철저한 계획의 수립과 세부적인 준비가 필요한 단계이다. 즉, 단원의 일반목표, 본시 수업목표의 설정, 형성평가 문항준비, 수업매체 및 자료준비가 해당되는 것으로 구체적인 내용은 다음과 같다.

첫째, 단원의 일반목표는 대단원 전체에 대한 목표를 설정하는 것이다. 일반적으로 지식 · 이해 · 적용 등에 대한 행동영역별로 진술하는 것이 보편적인 방법이다.

둘째, 본시 수업목표의 설정은 대단원의 일반목표와 상반되는 것으로 단원의 일반목표는 추상적인 것이지만 본시 수업목표의 경우는 구체적이고 체계적인 수업목표가 설정되어야 한다.

셋째, 형성평가 문항준비의 경우 수업활동의 종료 후 학습자가 수업내용을 얼마나 이해했는가에 대한 측정수단이 되고 수업의 질적인 개선을 위한 정보가 되기도 한다.

넷째, 수업매체 및 자료준비는 수업시간에 활용할 각종 기기활용을 위한 준비나 수업에 적합한 자료를 준비하여 수업에 만전을 기해야 한다.

2. 도입단계

도입단계는 수업의 출발점이며, 학습자의 동기유발을 통해 수업활동에 참여하도록 자극하는 것이다.

1) 도입단계의 목표

도입단계의 가장 중요한 목표는 학습자가 학습에 관심을 가지고 수업진행에 동참할 수 있도록 동기유발을 위한 것이다. 그러므로 이 단계에서 어떤 행동이 유발되는가에 따라 수업의 진행과 결과에 상당한 영향을 미치게 된다.

2) 도입단계의 주의사항

도입단계에서 교사가 주의할 사항은 다음과 같다. 첫째, 한 가지 방법에 의존하지 않고 다양한 기법을 활용하여 학습자가 동기유발되도록 해야 한다.

둘째, 이미 학습자가 동기 유발되어 있는 경우도 있으므로 학습자의 상태를 파악하여 다음 단계로 넘어가는 것이 필요하다.

셋째, 학습동기유발이 중요하다고 하여 너무 많은 시간을 할애하여 본시 수업에 영향을 미쳐서는 안 된다.

넷째, 학습자의 현 상태를 제대로 파악하여 틀에 박힌 학습동기 유발보다는 교사 나름대로의 방법을 활용하는 것이 바람직하다.

3. 수업전개 단계

이 단계는 학습동기가 유발된 후 수업목표를 달성하기 위해 교사와 학생간의 수업활동이 이루어지는 중요한 단계이다. 여기서는 전체 수업활동의 대부분이 해당되고 교사에 따라 다양한 수업이 진행될 수 있다.

1) 수업에 대한 설명

대부분의 수업에 교사가 설명을 통해 진행되고 설명을 어떻게 하는가에 따라 수업활동의 질이 달리 나타나게 된다. 좋은 수업은 교사가 충분한 설명을 통해 학습자가 이해하여 학습목표가 도달하게 되는 것이다.

그리고 수업활동에 있어 교사가 설명시 유의할 사항은 다음과 같다. 첫째, 수업내용을 설명시 기교를 부려서는 안 된다. 둘째, 학생들이 수업에 집중하지 않을 경우 집중할 수 있도록 하는 대처능력이 필요하다. 셋째, 수업내용을 설명시 과대한 포장은 피하는 것이 바람직하다. 넷째, 교사의 용의가 단정해야 한다, 즉, 옷차림이나 두발 및 신발 등이 단정해야 한다는 것이다.

2) 수업에 필요한 판서

수업시간에 대부분 교사들이 판서하는 것이 일반적인 관례로 판서 없이 진행되는 수업은 극히 드물다고 할 수 있다.

그러므로 판서가 중요한 이유는 첫째, 판서를 통해 학습자가 집중할 수 있다. 둘째, 판서를 통해 학습자가 한 번 더 숙지하고 적극적인 수업활동이 가능하다. 셋째, 학습자에게 수업내용에 대한 압축된 내용을 제시할 수 있다. 넷째, 청각을 통한 설명보다 판서를 함으로써 오래 기억될 수 있다.

3) 질문과 응답

훌륭한 수업은 학습자와 교사와의 상호작용을 통한 교감이 형성되어야 한다. 그러므로 이를 위해서는 수업이 진행되는 과정에 학생이 이해하지 못하는 부분을 질문하며 교사가 그에 적합한 응답을 해주고, 반대로 교사가 학생들이 얼마나 이해하고 있는지 중간 중간에 질문하여 학생이 답을 함으로써 학습목표 도달도에 대한 체크가 가능하다.

그러나 교사가 수업에 질문과 응답을 위해 노력할 사항이 있다.

첫째, 질문에 대한 학습자가 적극적인 동참이 되도록 교사가 노력해야 한다. 둘째, 응답은 자연스럽게 진행될 수 있도록 해야 하지 강제로 해서는 안 된다. 셋째, 질문에 대한 답이 부족하더라도 학습자를 존중해 주어야 한다. 넷째, 학습자의 질문이 수업내용을 벗어나더라도 무시해서는 안 된다. 다섯째, 가능하면 학습자의 질문에 교사는 성의 있는 대답을 해 주어야 한다. 여섯째, 만약에 학생의 질문이 교사 자신이 충분한 답을 할 수 없거나 시간이 필요로 하는 경우 차후에 답을 하겠다는 약속을 해야 한다.

4. 수업의 정리단계

이 단계는 마지막 마무리 단계로 구체적인 내용은 다음을 포함하고 있다.

첫째, 학습한 전체내용을 정리하고 요약하여 학습자에게 제시하는 것이다.

둘째, 중요한 내용에 대해서는 한 번 더 상기시키고 과제 필요시 과제를 제시할 필요가 있다.

셋째, 학습자에게 전시학습과 본시학습이 연계가 되도록 할 필요도 있다.

넷째, 학습자가 학습활동을 통해 습득된 내용이 내재화될 수 있도록 주의를 기울일 필요가 있다.

5. 수업의 심화단계

학습자에게 학습목표가 도달했을 경우 한층 더 업그레이드 될 수 있도록 해주고, 학습목표에 도달하지 않았을 경우는 반복학습을 통해 학습목표 도달점에 다가올 수 있게 한다.

그러므로 이 단계에서는 학습도달도를 평가하기 위해 형성평가를 실시하게 된다. 형성평가를 통해 학습목표 도달 여부를 파악하여 학습자의 상태를 파악할 수 있고, 교사 자신의 수업에 대한 미비한 점을 찾아내어 수정할 수 있다. 즉, 형성평가가 교사나 학습자에게 수업에 대한 중요한 의미를 가지는 부분으로 형성평가 문제 수도 적정해야 하고 내용도 학습목표 도달여부를 평가할 수 있는 문제로 작성되어야 한다.

6. 수업의 평가단계

평가단계의 경우 수업활동 전체에 대한 종합적으로 평가하는 단계를 의미한다. 형성평가를 통해 학습자들의 학습목표 도달여부를 체크하여 미비한 부분이 있으며 개선하게 되고, 교사의 수업활동에 대한 자신을 되돌아 볼 수 있는 것이다. 반면에 평가단계의 경우 학생들의 학업성취도를 평가하고 수업에 대한 질적인 개선에 필요한 자료를 확보가 가능하다.

제3절 수업평가

1. 수업평가의 개념

수업평가는 수업의 개선을 목적으로 수업활동을 파악하고, 수업의 전후를 파악하여 개선과 변화 여부를 측정하여 바람직한 수업이 진행될 수 있도록 하는 활동을 지칭한다.

수업평가는 교사가 이행한 수업결과를 바탕으로 교사평가 또는 강의평가라고 혼용하여 사용되기도 한다. 물론 수업평가는 수업에 대한 질적 개선과 교사능력을 향상시키는 측면에서 볼 때 상당히 중요한 영역이다.

그러나 수업평가의 결과를 바탕으로 교사를 행정적인 측면에서 각종 인센티브에 영향을 미치기도 한다. 그러므로 수업평가는 객관적이고 다양한 측면에서 평가되어 교사가 불이익을 당하지 않도록 해야 한다.

2. 수업평가의 목적과 필요성

수업평가의 목적은 수업평가라는 것은 교사의 수업활동 능력의 견지에서 평가하여 행정적 의사결정에 사용되는 평가와 교사의 수업에 대한 전문지식을 성장시키는 평가로 목적이 나누어지기도 한다.

아울러 수업평가는 다양한 측면에서 목적을 제시하기도 한다. 교사가 수업진행에 관계되는 질적인 측면 개선책, 수업목표가 어느 정도 달성되었는가를 파악하는 수업도달도, 효과적인 수업탐구, 학생들에게 필요한 교육과정 변화, 인사행정에 필요한 자료 활용, 바람직한 학생지도와 교재연구 등 수업평가와 관련된 여러 가지로 제시될 수 있다.

그리고 수업평가의 필요성은 급변하는 지식정보화 사회에서 공교육의 정상화를 위해서는 우수한 교사를 확보하여 수업의 질적인 개선이 필요하다. 이를 위해서는 교사의 전문성을 양성할 수 있는 올바른 수업평가의 필요성이 요구되고 교사의 적극적인 동참과 연구가 필요하다.

이 외에도 특히 수업평가는 초임교사에게는 수업에 대한 중요성을 인지시키고 좋은 수업을 위해 필요한 제반적인 요소를 제공하여 수업에 대한 자신감과 수업의 개선이 가능하다. 아울러 경륜이 교사의 경우에도 자신의 부족한 부분을 체크할 수 있고 교재의 새로운 부분에 대한 연구를 통해 좀 더 성숙된 교사로서의 변화와 수업의 질적인 향상이 가능하게 한다.

이와 같은 내용을 바탕으로 수업평가의 필요성을 정리하면, 첫째, 교육목표 달성정도와 교육의 효과를 위해 수업평가가 필요하다.

둘째, 교사들의 근무평정을 위한 한 영역으로 수업평가가 필요하다.

셋째, 수업의 개선을 위해 다양한 매체와 평가를 통해 질적 개선이 가능하다.

넷째, 학습자의 학습결과를 통해 학습도달도와 학업에 대한 만족도를 파악하기 위해 수업평가가 필요하다.

다섯째, 개선되고 바람직한 수업모형 개발을 위해 수업평가가 중요하다.

3. 수업평가의 유형

수업평가는 평가담당을 누가 하는가에 따라 여러 가지 유형으로 나누어진다. 일반적으로 수업평가의 유형은 동료교사 평가, 교사자신의 평가, 학생평가, 학교 관리자에 의한 평가, 학부모에 의한 평가, 외부 전문가에 의한 평가 등으로 나눌 수 있다.

1) 동료교사 평가

동료교사의 평가의 경우 같이 근무하고 있는 교사가 많은 시간을 통해 관찰할 수 있고 전문적인 지식을 통해 평가가 가능하다.

그러나 동료를 평가함에 있어서 관계형성이 어떻게 되어 있는가에 따라 주관성이 개입되어 정확하고 올바른 평가가 힘들다고 할 수 있다. 이 평가의 장점은 같은 공간에서 생활하고 있고, 바람직하고 발전적인 조언이 가능하고, 장기간 관찰을 통해 평가에 대한 결과가 신뢰성과 타당성이 존재한다.

2) 교사자신의 평가

이 평가는 자신의 수업활동에 대한 평가를 통하여 자신의 수업에 미비한 부분을 반성하고 좀 더 나은 수업활동에 대한 연구를 하여 수업활동의 질적인 개선을 할 수 있는 것이다.

그러나 자신의 수업활동에 대한 평가자체가 용이하지 않다는 점과 자신에 대한 주관성이 개입되어 올바른 평가가 이루어질 수 없다는 것이다. 하지만 교사가 자신의 수업활동에 대한 충분한 자료를 통해 스스로의 기준을 정하고 그에 적합한 평가를 한다면 오히려 더욱 유용한 평가가 될 수도 있다는 것이다.

3) 학생평가

학생은 교사의 수업활동에 중요한 교감의 대상이 되고 자신의 수업활동에 대한 반응을 파악할 수 있다. 학생의 입장에서 자신의 학교생활과 수업활동에 있어서 교사가 어떤 모습을 보여주고 있는지에 대한 판단을 나타낼 수 있다.

이와 같은 학생이 교사에 대한 평가는 교사의 수업활동에 대한 반응으로 중요한 자료가 되어 교사 자신의 모습을 체크가 가능하다.

학생을 통한 교사평가는 학급에서 학습환경이나 분위기를 어떻게 인식하고 있는지 판단에 이용될 수 있는 자료가 될 수 있다.

4) 학부모에 의한 평가

교사의 입장에서는 학부모가 자신을 평가하는 것에 대한 생각은 유쾌하지는 않을 것이고, 학부모의 입장에서는 학습주체인 학생들의 부모입장에서는 수업평가의 주체적인 역할을 수행하는 것이 바람직하다.

학부모가 실제로 교사의 수업활동에 참관하여 판단하는 것은 힘든 상황으로 대부분 소문을 통해 평가가 이루어지고 수업에 전문적인 지식이 부족하여 평가자체가 곤란할 수도 있다.

그러나 교사가 학생들을 통해 전달되는 여러 가지 정보를 통해 과제의 적절성, 교사와 학생관계가 어떤 상태인지를 파악하여 정보로서 활용이 가능하다.

5) 학교 관리자에 의한 평가

일반적인 교사평가의 유형으로 교장과 교감을 통해 교사평가를 하는 것이 가장 일반적으로 여겨진다. 이와 같은 평가는 교사의 수업활동 및 학생지도의 개선점을 바람직한 교육이 되도록 할 수 있다.

그러나 중요한 것은 평가에 있어서 공정성, 객관적이고 체계적인 방법을 통해 평가하여 교사에게 불이익이 수반되지 않도록 해야 한다.

6) 외부전문가에 의한 평가

대부분의 교사평가는 학교 내부 사람들에 의한 평가로 이루어진 것이다. 어떻게 보면 외부전문가를 통한 평가가 교사와 직접적인 관련성이 없으니까 객관적이고 합리적인 평가가 될 수 있다. 하지만 외부전문가를 통해 평가할 경우 학급과 학생특성을 파악하지 못해 평가의 오류가 발생할 수 있다.

그리고 대부분의 수업평가는 내부에 의한 평가이고 외부전문가를 통한 평가는 거의 시행되지 않고 있다. 아울러 수업평가에 적합한 외부전문가의 확보도 어렵다.

4. 수업평가의 방법

수업에 대한 다양하고 올바른 평가방법은 평정법, 진술식 평가, 면담, 성취검사, 수업관찰 등이 있다.

1) 평정법

수업평가에 가장 일반적으로 시행하고 있는 방법으로 교사가 자신의 수업과 행동특성에 대해 정해진 척도를 바탕으로 표시하게 하는 방법이다.

이 방법의 경우 평정법에 대한 신뢰도와 타당도가 중요한데 신뢰도의 경우 어느 한 부분에 치우치지 않는 정보제공을 의미하며, 타당도의 경우 얼마나 평정에 대한 객관성이 부여되어 있는가를 의미한다.

2) 진술식 평가

진술식 평가의 경우 질문대상자인 교사에게 다양한 질문을 통해서 수업활동에 대한 제대로 된 의견을 파악하기 위해 이 방법을 시행할 수 있다.

Doyler에 의하면 효과적인 진술식 평가를 위해 다음과 같은 제안을 하고 있다.

첫째, 광대한 질문보다는 깊이 있는 질문을 사용해야 한다.

둘째, 응답자에게 파악하고 있거나 논의대상이 되는 것에 대해 응답하도록 요구가 하는 것이 필요하다.

셋째, 응답자에게 적합한 어휘와 문장을 구성해야 한다.

넷째, 가능하면 질문지를 작성하기 전에 조사대상인 모집단의 일부 사람들에게 질문에 대한 내용을 검토하게 해야 한다.

다섯째, 경험에 바탕을 두어 질문을 수정하게 하고, 많은 수의 질문보다는 적은 수의 질문이 바람직하다.

3) 면담

이 방법의 경우 수업을 평가하는 장면에서 담당교사가 자신의 의도 및 수업계획과 관련하여 정확하게 이해하기 위해 활용되는 방법이며, 수업활동을 통해 학생들의 생각을 파악하는 것이 요구될 때 이용되는 방법이다.

4) 성취검사

수업활동을 통해 학생들이 수업목표의 도달점과 수업효과가 어느 정도 달성되었는지를 파악하여 학업성취도를 측정할 때 중요한 자료가 될 수 있다.

즉, 학생들에 대한 학습활동을 통해 나타나는 학력을 측정하기 위해 학습내용과 교육과정에 대한 타당도가 중요한 관건이 될 수 있다.

5) 수업관찰

이 방법의 경우 수업활동을 직접 관찰을 통해 수업과정에서 발생되는 다양한 자료를 수집하는 방법으로 가장 일반적으로 널리 사용되는 방법이다.

수업에 대한 관찰은 수업분위기와 상황, 교사와 학생의 감정 상태와 변화, 수업진행 과정 등에 대한 흐름과 영향을 미치는 자료를 파악할 수 있어 가장 보편적으로 활용되는 방법이다.

핵심정리

- 수업은 교사가 수업목표를 정하고 학생에게 필요한 지식의 이해를 통해 학생들이 자신의 것으로 만들 수 있게 하여 학생을 변화시키는 것이다.
- 수업목표는 교사가 주어진 시간동안 학습자에게 전달하여 성취하고자 하는 내용이라고 할 수 있다.
- 수업의 절차는 수업설계 단계, 도입단계, 수업전개 단계, 수업정리 단계, 수업의 심화단계, 수업의 평가단계 등으로 진행된다.
- 수업평가는 수업의 전후를 파악하여 개선과 변화 여부를 측정하여 바람직한 수업이 진행되게 하는 활동을 말한다.
- 수업평가의 유형은 동료교사 평가, 교사자신의 평가, 학생평가, 학부모에 의한 평가, 학교 관리자에 의한 평가, 외부전문가에 의한 평가 등으로 나눌 수 있다.
- 수업평가의 방법은 평정법, 진술식 평가, 면담, 성취검사, 수업관찰 등이 있다.

제6장

학급경영과 지도

제 6 장
학급경영과 지도

제 1 절 학급경영의 의의와 원리

1. 학급경영의 의의

오늘날 학교교육의 중심은 학급을 기초단위로 학생의 학습활동 참여, 공동 학습과업 수행, 공동체 협동과정, 지식의 축적 등의 모든 활동이 학급에서 전개되고 있다.

권기욱 외(2007)는 "학급은 학생이 사회적 측면에서 사회의 일원으로 성숙하도록 하고, 정의적 측면에서 자신을 확인해 가며, 인지적 측면에서 지식을 축적할 수 있는 학습기회를 제공한다."라고 하였으며, Gelzels와 Thelen(1960)은 "학급이란 교육활동을 조직적이고 계속적으로 수행하기 위한 최소의 교육단위로 정의"하고 있다.

최근에는 학급경영을 경영과 조직 개념을 바탕으로 정의를 내리고 있다.

김영돈(1975)은 학급경영이란 "학급의 편성, 학급환경의 정리, 분단조직, 학습지도, 생활지도, 학부형과 지역사회와의 제휴, 학교 교육목표의 설정과 실천목표 강구 등을 포함하는 일련의 활동이다."

김종철(1983)은 "학급경영은 단위학급 수준에서 학급담임이 학교 교육에 관하여 공동목표를 설정하고, 목표달성을 위한 제반 조건을 정비·확립하고 목표달성을 위한 지도·감독을 포함하는 일련의 봉사활동으로 보고 있다."

윤정일 외(2000)는 "학급경영이란 학급을 관리·운영하는 활동으로 교육목표를 달성하기 위한 계획·조직·실행·지도·평가 등을 시행하는 교육활동이면서 동시에 교수-학습활동과 생활지도가 효율적으로 이루어질 수 있도록 도와주는 교육지원활동이라고 할 수 있다."

박병량 외(2001)는 "학급경영은 학급의 목적을 효율적으로 달성하기 위하여 인적·물적 자원을 활용하여 계획·조직·지도·통제하는 일련의 활동을 통해서 학급을 운영하는 협동적 활동이다."

김정한 외(2006)는 "학급경영이란 학급의 목적을 달성하기 위하여 인적 자원과 물적 자원을 사용하여 계획(planning), 조직(organizing), 지도(directing), 통제(controlling)하는 일련의 활동이라 할 수 있다."라고 정의를 내리고 있다.

학급경영(學級經營, classroom management)은 학급을 교육목적에 따라 효율적으로 운영하는 일과 학급에서 교사의 활동은 교수활동과 경영활동으로 구분된다. 따라서 교사의 활동에서 교수활동을 제외한 나머지는 학급경영 영역에 속하며, 그 범위가 매우 넓고 학급에 관한 모든 문제가 이와 관련된다. 학급경영에서는 교수법과 학교경영이 명확한 경계를 짓기 어려운 부분도 있다.

학교교육의 질은 교사의 역할과 자질에 의해서 결정된다는 말처럼 학급경영의 성과는 교사에 의해 좌우된다. 학급교사는 지식과 경험의 전달자, 부모 대행자, 상담자, 훈계자 등 수많은 역할을 수행하지 않으면 안 된다. 따라서 교사는 학급경영이 어디까지나 교육목표를 설정하고 그것의 달성을 위해 도와주는 봉사활동이라는 사실을 늘 염두에 두어야 한다. 그리고 교사가 어떤 인간관 또는 경영관을 가지고 학급경영에 임하느냐에 따라 그 방법과 효능이 전혀 달라진다는 점을 고려하여, 학급경영자로서의 교사는 학생들의 잠재적인 성장가능성을 믿고, 이를 계발하는데 도움을 주어 교육목표를 잘 달성할 수 있도록 도와주는 조력자라는 사실을 자각하여야 한다.

문제를 취급하는 관점 · 입장에 따라 동일한 문제일지라도 학급경영 문제에 속할 때가 있고 그렇지 않을 경우가 있다. 이런 의미에서 학급경영 대상의 문제는 논리적 입장보다는 실제적 입장에서 다루어진다고 할 수 있다.

학급경영활동 영역은 첫째, 교육철학 구성 둘째, 환경정비 셋째, 교수활동 관리 넷째, 건강 활동을 포함한 생활 활동 관리 다섯째, 가정 및 지역사회와의 협력적 활동 여섯째, 교직적 관계와 개인적인 교양오락에 관한 활동 등으로 구분된다.

종래의 학급경영론에서는 효율적인 교수활동을 위하여 학생에게 일정한 질서를 지키게 하고, 밀접한 행동을 습관화하는 문제가 중요하게 취급되었다. 이에 비해 오늘날에는 다종 · 다양하여 학급 교수활동과 외부적으로 관련되는 모든 문제가 이에 포함된다. 학생의 학습을 효율적으로 이끌기 위한 물적 조건 관리와 학생을 중심으로 한 인적 조건 정비가 긴요한 문제로 다루어지며, 특히 학급 · 분단 편제가 중요시된다. 종전에 중시되지 않던 교육평가 및 평가결과 처리에 관한 문제도 있다. 교실내 물적 시설 정비와 학생의 질서유지 등 정규적 활동 문제는 여전히 중요하나, 그것이 다만 효율적 교수활동을 위한 시간과 노력의 경제를 도모할 뿐 아니라 학생의 사회성을 발달시키는 점에서 그 가치가 재인식되고 있다.

학급경영에서 주의할 점은 학생은 교육의 목적으로서 존재하며 결코 수단으로서 존재하지 않는다는 사실을 명확히 하는 점이다. 또한 민주적 · 자주적 인간형성을 위해 자신의 의사를 나타낼 수 있는 안정된 학급분위기 조성이 중요하며, 스스로 질서 있는 생활을 위한 훈련을 계속할 수 있는 학급으로 육성해야 한다.

효율적인 학급경영을 위해 강조되어야 할 사항을 다음 몇 가지만 고려하면, 첫째로 학급경영의 과정에 학생들의 참여기회를 증대시켜야 한다. 즉, 학급을 민주적으로 경영한다는 것은 학급경영의 과정을 개방하여 학생들의 참여기회를 늘리는 것이며, 둘째는 학급경영에 대한 합리적인 기획과 평가의 기능이 강화되어야 한다. 학교경영의 기획과 평가의 주된 목적은 학급경영의 효율성을 보장하고 타당성을 극대화하기 위한 것이다. 학급경영의 평가는 학급경영체제를 개선하여 발전시키는데 그 궁극적인 목적이 있으므로, 학급경영의 투입과정 산출 및 총괄적인 결과에 대한 계속적이고도 다각적인 평가와 분석이 되도록 하여야 하며, 그 결과는 반드시 다음 학급경영의 계획과 과정에 피드백 되어야 한다. 마지막으로 학급경영활동을 위한 학생조직의 활용이 강화되어야 한다. 학급경영은 학생의 협력 없이는 그 목표달성이 불가능하다. 교사는 학생활동을 위한 학습조직, 생활지도조직, 특별활동조직, 또는 봉사활동조직 등과 같은 학급의 공식조직을 학생을 주체로 하여 구성할 뿐만 아니라, 학급내 비공식조직도 최대한 활용할 수 있어야 한다.

김명한(1988)은 학급경영체제를 투입–과정–산출의 모형을 제시하였으며, 투입(input)은 환경으로부터 학급에 들어오는 인적 · 물적 · 재화적 자원 및 지식과 정보 등을 들었으며, 학급에 투입되는 구체적 요소로는 교사, 학생, 학급시설과 설비, 운영비, 교육과정, 지식, 정보, 시간, 학부모 지원 등을 열거하였다.

과정(process)은 목적을 세우고, 계획・조직・지도하고, 통제・평가하는 경영과정으로 파악하였다. 산출(output)은 '교육받는 학생'이 학급의 대표적인 산출로 보았으며, 학생의 지적발달, 정의적 발달, 신체적 발달, 교사의 전문적 성장 및 학급경영 지표 등을 나열하였다.

[그림 6-1] 학급경영 체제 모형

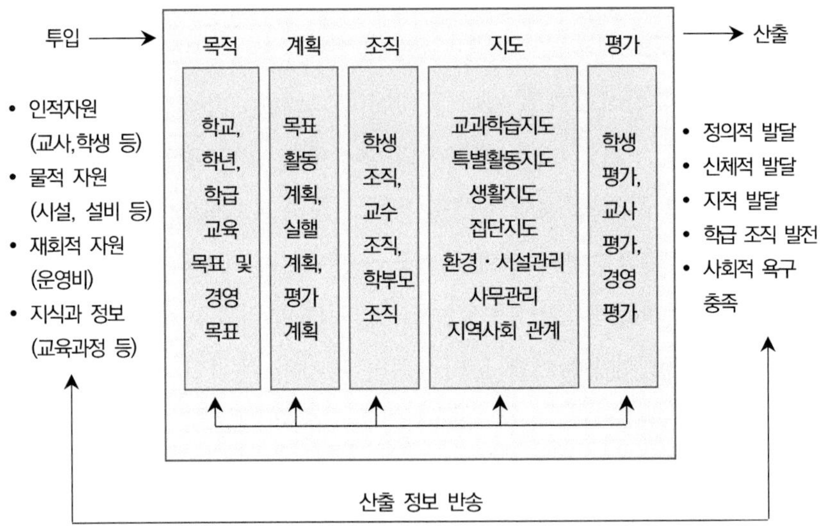

자료 : 학급경영의 이론・연구・실제, 김종식외(2004), 교육과학사.

2. 학급경영의 원리

새 학년 초에 담임교사는 능률적이고 효과적으로 학급 학생들을 통제하기 위한 방안을 탐색하고, 학급에서 지켜야 할 규칙 및 기본원리들을 설정하여야 한다. 교사는 성공적인 학급경영을 위해서는 다음과 같은 기본원리가 모색되어야 한다.

1) 개별화 원리

학급경영은 학생 개개인의 흥미, 능력, 관심, 요구에 따라 개별화되어야 한다. 여기서 개별화는 학생이 자신의 교육목표를 설정하고, 교육과정을 구성하는데 참여함을 의미한다. 또한 학생들의 발달속도가 서로 다르기 때문에 공통적 이해를 개발하는 시간에도 요구가 달라 학급을 편성할 때 학생들의 학력·흥미·성격·신체·사회적 성숙도 등의 차이를 고려하여 학생들을 지도하여야 한다.

2) 존중의 원리

학생의 발달에 구속을 지양하고, 자연적인 발달을 조장할 수 있는 여건을 제공하여야 한다. 여기서 자유란 선택이 교육적인 가치를 가진 것에 대하여 허용되는 자유이다. 그리고 학생은 자신이 선택한 것에 대해서는 책임을 가질 수 있도록 해야 한다.

학급활동에서 학생에게 자유가 허용되고, 흥미와 아이디어는 중요시하며, 교사의 권력은 최소한으로 이용하여야 한다.

3) 참여의 원리

교사는 학생들이 학급경영 활동에 적극적으로 참여하여 자신의 의견을 반영할 수 있도록 동기를 부여하여야 한다.

4) 협동의 원리

학생의 다양한 학습활동 경험을 통하여 다른 학생들에 대한 이해와 함께 협동정신을 함양하고, 학급 구성원들의 다양한 능력, 성격, 관심, 학급애 등을 체험하면서 협력하는 능력을 키우게 하여야 한다.

5) 적절성의 원리

학급경영은 학생의 발달에 적절하게 실시하고, 학급생활에 학생의 발달에 관련된 지식들을 적용하여야 한다.

6) 타당성의 원리

학급경영의 행위가 추구하는 목적을 성취할 수 있는 것을 의미한다. 학급경영은 교육목표에 타당한 계획과 방법에 기초하여 평가가 이루어져야 한다.

7) 자율성의 원리

학생들의 학급경영은 공공성을 강조하게 되면 자율성이 위축되기 때문에 상호균형을 유지해야 하며, 교사는 학급운영과 관리에 필요한 기준을 스스로 설정하여 집행할 수 있어야 한다.

8) 전문성의 원리

학급경영에는 교사의 전문적인 지식과 경험을 토대로 하여야 하며, 교육활동을 지원하고 조성하는 학급경영에도 전문성이 요구된다.

9) 개별화의 원리

교육은 개인의 능력을 최대한 끌어올려 바람직한 사회구성원으로 개인적 삶을 영위하게 하고 사회나 국가에 공헌하는 인재를 양성하는 것이다. 그러므로 학습자 개개인에 입각하여 바람직한 인격형성과 삶을 살아가도록 할 필요가 있다.

10) 종합화의 원리

교육은 지·덕·체를 통한 전인적 교육을 통해 인격을 완성하고 사회구성원으로서 자질을 함양하려면 학급경영은 다양한 측면의 교육이 이루어져야 한다.

제2절 학급경영 계획과 평가

1. 학급경영 계획

학급경영 계획은 새학년 초에 교사가 일 년 동안 학급을 대상으로 운영하기 위한 목표와 목적을 세우고 구체적으로 실천할 방법들을 학급경영 안으로 작성하는 것을 의미한다. 구체적인 학급경영계획은 다음과 같다.

1) 학급경영 목표수립

학급경영을 위하여 수립한 목표는 반드시 실천 가능한 것이어야 한다.

2) 기초자료 조사 및 수집

학급경영을 위해 학생들을 파악할 수 있는 기초조사와 자료들을 수집하여야 한다. 첫째, 학급 학생에 대한 조사에는 지적범위(과목별 평균점수, 학습능력 정도 등)와 정의적 영역(학급분위기, 도덕성, 준법성 등), 운동 기능적 영역(허약자, 장애우, 운동 특기자) 등으로 구분하여야 한다. 둘째, 학생 개개인의 가정환경, 신체특징, 교우관계 등을 조사하여야 한다. 셋째, 학생들의 가정환경을 정확하게 파악하여야 한다.

3) 학급조직도 구성

학급경영 활동을 능률적으로 운영하기 위하여 학급조직도, 특별활동 및 봉사활동 등의 조직이 필요하다.

4) 구체적인 경영계획 수립

학급경영에 필요한 구체적인 경영계획을 영역별로 교과지도 계획, 특별활동지도 계획, 봉사활동지도 계획, 생활지도 계획, 시설 및 환경관리 계획, 가정 및 지역사회관계 계획 등을 구체적으로 수립하여야 한다. 구체적인 학급경영안을 제시하면 다음과 같다.

〈표 6-1〉 학급경영안(예시)

Ⅰ. 학급교육 계획	1. 시간표 및 일과 운영표
Ⅱ. 학급경영 계획	2. 시수계산표
1. 학급경영의 설계	3. 교육과정 시간배당 및 수업일수
- 목표, 방침 및 중심 노력점	4. 교과활동 진도표
2. 교과운영의 계획	5. 학습지도 계획
- 운용방침	Ⅴ. 클럽활동 지도
- 교과별 학년 목표 및 지도 중점	1. 연간지도 계획
3. 특별활동 운영계획	2. 출석부
- 학급위원회 활동	Ⅵ. 교과활동 발달상황
- 역할 분담표	1. 누가기록, 종합평가
- 클럽활동	Ⅶ. 행동발달상황
- 학교 행사	1. 누가기록, 종합평가
Ⅲ. 학생 기초조사표	Ⅷ. 특별활동 상황
Ⅳ. 교과과정 운영계획	Ⅸ. 기타 참고사항

자료 : 박병량 · 주철안, 학교 · 학급경영론, 학지사, 1999, pp. 496.

2. 학급경영 평가

1) 학급경영 평가의 의의

계획 → 실행 → 평가로 이어지는 경영과정의 마지막 단계로서 학급경영 활동의 가치를 체계적으로 조사 · 판단하는 활동으로 투입 및 산출에 대한 평가와 분석을 통하여 학급경영 체제를 반성하게 되고 발전을 위한 대책을 수립하게 된다.

2) 학급경영평가의 과정

첫째, 평가의 대상과 목적을 정한다.

둘째, (평가활동) 평가의 준거 가치판단의 근거가 되는 개념으로서 평가대상이 함유한 속성 혹은 질(양적 · 질적)을 의미하고, 기준가치의 수준을 결정하는 척도이며, 평가준거로 확인된 속성 또는 질이 어느 수준인가를 결정하는데 사용하고, 준거와 기준에 관련된 자료를 수집한다.

셋째, 준거자료를 기준에 비추어 분석하여 평가대상의 가치를 판정한다.

3) 평가시 고려되어야 할 사항

① 교사 자신과 학생들의 평가가 동시에 이루어지도록 한다.

② 목표와 방법상의 적절성 여부 검토

③ 학생들의 변화정도 점검

4) 평가기준

(1) 목표와 관련성

첫째, 교사 자신과 학생들의 특성이 제대로 파악되고 고려되었는가 하는 문제

둘째, 목표의 설정은 적절성 검토

셋째, 목표에 맞게 방법이 선택되는 문제(모든 조직 편성과 활동, 기타 세부적인 학교, 학급행사의 준비와 실행에 있어서의 적절성)

(2) 학급운영과 관련성

학급운영 체계는 제대로 구성되었는가 하는 문제(모든 조직구성, 학급운영위원회, 부서체계, 개인별 역할분담 정도)

5) 학급경영평가표 작성방법의 예

① 학급경영계획
② 교과지도
③ 학급생활지도
④ 환경정비
⑤ 교사활동

〈표 6-2〉 학급경영평가표의 예

학 급 경 영 활 동 상황							추진상황 및 대책	
영 역	평 가 항 목	5	4	3	2	1	노력중점	개선할 점
학급 경영 계획	학급경영목표 설정							
	기초조사 및 활용							
	교과지도의 중점							
	교과지도 계획							
	생활지도 계획							
교과 지도	학습지도 계획							
	학습지도의 기술							
	교구의 장비 활용							
	학생의 교구 활용							
	학생의 실력 향상							
학급 생활 지도	학생의 용의 및 행동							
	직업 및 진로지도							
	자치활동 지도							
	여가선용 지도							
	건강 및 양호 지도							
환경 정비	교실환경 정비							
	보건위생 시설							
	교구 및 자료의 정비							
	청소 미화							
	환경의 안정성							

학 급 경 영 활 동 상황							추진상황 및 대책	
영 역	평 가 항 목	5	4	3	2	1	노력중점	개선할 점
교사 활동	학생에 대한 태도							
	교육연구 활동							
	자체연수							
	복무상황							
	건강상태							
	학급사무관리							
	가정 및 지역사회 관리							

자료 : 윤정일 외, 교육행정학원론, 학지사, 2002, p. 451.

6) 학급경영에 반영할 내용

〈 학생지도 효과를 높이기 위한 학급경영 〉

① 달라지고 변화되어야 할 우리들의 교육 모습

② 학생들과 함께 하는 학급경영

③ 학기별 평가와 성적표 활용

④ 학부모 상담

⑤ 문제행동을 보이는 학생이 있을 때

⑥ 싸움과 따돌림 문제가 생겼을 때

⑦ 지능, 그 허와 실

⑧ 재량활동과 자기주도적 학습의 의미고찰

⑨ 자기주도적 학습모형과 수업에의 실행과정

⑩ 재량활동을 통한 새로운 학교문화를 만들기

〈 교수학습 효과를 높이기 위한 학급경영 〉

① 학급경영 전략세우기

② 효과적인 인재경영

③ 올바른 학습습관 형성방안

④ 학습태도 바로세우기

⑤ 수업에서 의견을 모으는 학습방법

⑥ 프로젝트 수행하기

⑦ 발표하는 습관 기르기

⑧ 협동학습 이해하기

⑨ 자기주도적 학습태도 기르기

핵심정리

- 학급경영은 학급을 교육목적에 따라 효율적으로 운영하는 일이다.
- 학급경영의 원리는 개별화의 원리, 존중의 원리, 참여의 원리, 협동의 원리, 적절성의 원리, 타당성의 원리, 자율성의 원리, 전문성의 원리, 개별화의 원리, 종합화의 원리 등이 있다.
- 학급경영계획은 학급경영 목표수립, 기초자료 조사 및 수집, 학급조직도 구성, 구체적인 경영계획 수립 등이 포함된다.

제 7 장
상업정보 교육의 학습평가

제 7 장
상업정보 교육의 학습평가

전문계 고등학교의 전문교과평가 방법은 크게 이론평가와 실기평가로 구분할 수 있다. 이론평가는 지금까지 실시해 오고 있는 정기고사의 지필시험에 의한 객관식(선택형) 평가와 주관식(단답형 및 서술형)평가로 실시되어 학생 개개인의 교수·학습 결과를 평가해 왔으며, 실기평가는 학생 개개인의 실기능력을 실험·실습평가와 감정평가 등으로 실시되어 왔다. 선택형 중심의 이론평가에서는 객관성을 중시하기 위하여 교사의 전문적인 판단능력에 의존하지 않으며, 학생이 그 반응을 선택하게 되는 인지과정 및 문제 해결과정을 평가하기 어렵다. 최근 들어 이러한 평가의 방법을 보완하기 위하여 수행평가 방법이 제시되었는데, 수행평가란 "학생 스스로가 자신의 지식이나 기능을 나타낼 수 있도록 답을 작성(서술 혹은 구성)하거나, 발표하거나, 산출물을 만들거나, 행동으로 나타내도록 요구하는 평가방식"이라고 정의할 수 있다. 여기서 말하는 행동이란 단순히 신체를 움직이는 것만을 의미하는 것이 아니라 말하거나, 듣거나, 쓰거나, 그리거나, 만들거나하는 인간의 모든 행동을 말하는 것이다. 따라서 수행평가란 교사가 학생이 학습과제를 수행하는 과정이나 결과를 보고 그 학생의 지식이나 기능이나 태도 등에 대해 전문적으로 평가하는 방식이라고 할 수 있다. 수행평가에서는 학생이 배우고자하는 지식이나 기능을 평가함에 있어서 선택형 검사나 단답형 검사와 같이 정답을 선택할 수 있는 능력이나 단순한 지식이나 정보를 기억하는 능력이 곧 '지식을 안다'거나 '기능을 습득했다'고 가정하는 것을 부정하고, 학생이 답을 작성(구성)하거나 행동으로 나타내는 것을 통해 지식이나 기능을 직접적으로 측정·평가하고자 한다.

제1절 수행평가의 일반적 특징

첫째, 학생의 지식이나 기능이나 태도 등에 대해 평가함에 있어서 교사의 전문적인 판단에 크게 의존하는 평가방식이다. 따라서 객관성보다는 오히려 타당성이나 적합성을 강조하기 때문에 상황과 맥락을 고려한 교사의 전문적인 판단을 매우 중요시한다.

둘째, 학생이 문제의 정답을 선택하는 것이 아니라 자기 스스로 정답을 작성(서술 혹은 구성)하거나 행동이 문제의 정답을 선택하는 평가방식이다. 수행평가는 학생들의 단순한 기억력과 같이 낮은 사고기능보다 창의성, 문제해결력, 비판력, 판단력, 정보수집 및 분석력, 통합력과 같은 고등 사고기능을 파악하는 것을 중요시 한다.

셋째, 추구하고자 하는 교육목표의 달성 여부를 가능한 실제상황에서 직접 관찰할 수 있는 방식으로 평가하고자 하는 평가방식이다. 즉, 추상적인 상황에서 정답을 선택하게 하여 평가하기 보다는 실제적인 상황에서 직접 관찰할 수 있는 방식으로 평가한다.

넷째, 교수·학습의 결과뿐만 아니라 교수·학습의 과정도 함께 중시하는 평가방식이다. 급변하는 현대사회 속에서 과거의 지식이나 가치관을 그대로 암기하거나 무조건 암기하는 것보다 '학습하는 방법을 학습하는 것'도 대단히 중요하다. 따라서 수행평가에서는 선언적 지식(무엇에 대해 아는 것, 내용적 지식이라고도 함)의 습득수준뿐만 아니라 절차적 지식(어떻게 하는지 아는 것, 방법적 지식이라고도 함)의 습득수준을 파악하는 것도 매우 중시하는데 이는 학생들이 아는 것뿐만 아니라 아는 것을 실제로 적용할 수 있는지의 여부를 파악하는 것도 중요하기 때문이다.

다섯째, 학생의 학습과정을 진단하고 개별학습을 촉진하려는 노력을 중시하는 평가방식이다. 즉, 수행평가는 학생의 선발·분류·배치를 위한 목적에 사용할 수도 있지만, 학생의 지적수준을 진단하고 학생의 이해수준을 높이며 개별학습을 촉진하는 데 일차적인 목적이 있다. 따라서 수행평가에서는 평가를 하는 과정이 교수·학습의 과정과 분리되기 보다는 서로 통합된 형태가 된다고 할 수 있다.

여섯째, 개인을 단위로 해서 평가하기도 하지만 집단에 대한 평가도 중시하는 평가방식이다. 예컨대 하나의 연구과제를 주고, 팀을 이루어서 공동으로 그 과제를 해결하도록 한 후 팀을 단위로 해서 평가하는 것이다. 아울러 개인이나 집단을 평가할 때, 다른 사람이나 다른 집단과 비교해서 평가하는 것(상대평가)이 아니라 객관적인 평가기준에 근거하여 평가하는 성취수준 평가(절대평가)형태를 취하게 된다. 따라서 수행평가는 학생 상호간의 지나친 경쟁을 유도하는 것이 아니라 학생 상호간의 협력을 유도하며, 학생의 사회성을 신장시키는데 기여하게 된다.

일곱째, 단편적인 영역에 대해 일회적으로 평가하기보다는 학생 개개인의 변화·발달과정을 종합적으로 평가하기 위해 전체적이면서도 지속적으로 이루어지는 것을 강조하는 평가방식이다. 예컨대 어떤 한 시점에서 일부영역에 대해 포괄적으로 평가를 하는 기말시험이나 대학수학능력시험 보다는 교실에서 교사가 학생 개개인의 변화·발달과정을 진단·평가하기 위해 수시로 관찰하거나 면담을 통해서 그 결과를 누적적으로 기록하는 형태의 평가가 수행평가의 입장에 부합한다고 하겠다.

여덟째, 학생의 인지적인 영역(창의성이나 고등 사고기능을 포함) 뿐만 아니라 학생 개개인의 행동발달 상황이나 흥미·태도 등 정의적인 영역, 운동 등의 심동적인 영역에 대한 종합적이고 전인적인 평가를 중시하고 있다. 교사와 학생간의 신뢰와 사랑을 바탕으로 하여 학생의 지식이나 기능이나 태도 등에 대해 교사가 직접 평가하여 자연스럽게 전인교육의 이념이 실현될 가능성이 높아질 것이다.

결국 수행평가란 단순한 평가방법이 아니라, 정보화 시대를 위한 교육평가의 새로운 방향을 제시하는 하나의 관점이라 할 수 있다.

전문계 고등학교의 전문교과에서 지금까지 실시해 오고 있는 실기평가의 방법도 결국 수행평가의 한 방법에 속하며 좀 더 세분되고 지속적인 관찰과 평가를 통해 이를 보완해 가야 할 것이다.

1. 수행평가의 방법

현재 널리 사용되고 있는 수행평가의 방법으로는 서술형(주관식)검사, 논술형 검사, 구술시험, 찬·반토론법, 실기시험, 실습법, 면접법, 관찰법, 연구보고서, 자기평가(self-evaluation)보고서, 동료평가(peer-evoluation)보고서, 포트폴리오(portfolio) 등이 있다.

첫째, 서술형 및 논술형 검사에서 서술형 검사는 흔히 주관식 검사라고 하는 것으로 문제의 답을 선택하는 것이 아니라 학생들이 직접 서술(구성)하는 검사이다. 논술형 검사도 일종의 서술형 검사이기는 하지만 개인 나름의 생각이나 주장을 창의적이고 논리적이면서도 설득력 있게 조직하여 작성해야 함을 강조한다는 점에서 차이점이 있다.

이때, 서술형 및 논술형 문항을 제작할 때의 유의점은 서술형 및 논술형 문항은 선다형의 문항을 통해서 잴 수 없는 사고력, 추리력, 종합력, 비판력, 응용력, 표현력, 창의력 등과 같은 사고기능을 쉽게 측정할 수 있다. 따라서 이러한 고등 사고기능을 측정하기에 적절한 문항을 제작하여야 한다. 구체적인 목적을 평가할 수 있도록 문항을 구조화시키고 제한성을 갖도록 출제해야 한다. 서술형이나 논술형 검사를 선발・분류・배치를 하기 위한 선발형 평가에 사용할 경우에는 여러 문항 중에서 선택하여 응답하게 하는 것을 지양해야 한다.

둘째, 구술시험은 학생으로 하여금 특정 교육 내용이나 주제에 대해서 자신의 의견이나 생각을 발표하도록 하여 학생의 준비도, 이해력, 표현력, 판단력, 의사소통능력 등을 직접 평가하기 위한 방법이다. 즉, 구술시험은 주로 인지적인 영역을 중심으로 한 학업성취도를 평가하는 방법이다.

셋째, 토론법은 교수・학습 활동과 평가활동을 통합적으로 수행하는 대표적인 방법으로 특정 주제에 대해 학생들이 서로 토론하는 것을 보고 평가하는 것이다. 특히, 수행평가에서는 찬・반 토론법을 많이 사용한다. 찬・반 토론법은 사회적으로나 개인적으로 서로 다른 의견을 제시할 수 있는 토론주제를 가지고 개인별로 찬・반 토론을 하도록 하거나 집단으로 나누어 집단별 찬・반 토론을 하도록 한 다음, 찬성과 반대의견을 토론하기 위해 사전에 준비한 자료의 다양성이나 충실성, 그리고 토론내용의 충실성과 논리성, 반대의견을 존중하는 태도, 토론 진행방법 등을 총체적으로 평가하는 방법이다.

넷째, 종래의 실기시험과 수행평가에서 말하는 실기시험의 차이는 시험을 치르는 상황이 통제되거나 강요된 상황인가, 아니면 자연스러운 상황인가의 차이에 기인한다. 종래의 시험에서는 평가가 이루어지는 상황이 통제되거나 강요되는 경우가 대부분이다. 수행평가를 위한 실기시험에서는 가능한 교수·학습활동과 평가활동을 분리하지 않고 수업시간에 자연스러운 상황 하에서 평가하는 것이 바람직하다. 따라서 별도의 시험시간을 정하지 않고 교사가 학생들에게 가르치는 수업시간에 개별학생들을 관찰하면서 지도·조언해주는 과정이 곧 평가활동이다. 또한 잘 못하는 학생이 잘하는 학생을 보고 배울 수 있도록 학생들 간의 상호작용을 적극적으로 장려하기도 한다.

다섯째, 실험·실습법은 자연과학 분야에서 많이 사용하는 것으로 예를 들어 어떤 과제에 대해서 학생들로 하여금 직접 실험·실습을 하게 할 수도 있고 팀을 구성하여 공동 작업을 하게 할 수도 있다. 평가자는 학생들의 실험·실습과정을 직접 관찰함과 아울러 제출된 결과보고서를 동시에 고려하여 평가하게 된다. 이러한 방법은 실험·실습을 위한 기자재의 조작적인 능력뿐만 아니라 지식을 적용하는 능력이나 문제해결 과정을 포괄적이면서도 종합적으로 평가할 수 있다.

여섯째, 면접법은 평가자와 학생이 서로 대화를 통해서 얻고자 하는 자료나 정보를 수집하여 평가하는 방법이다. 즉, 평가자가 학생과 직접 대면하여 평가지로 질문하고 학생이 대답하는 과정을 통해 지필식 시험이나 서류만으로는 알 수 없는 사항들을 알아보고 그것을 평가하는 방법이다. 이 방법은 주로 정의적인 영역이나 신체적인 영역에 대한 것을 평가하기 위한 방법이라 할 수 있다.

일곱째, 관찰법은 관찰은 학생을 이해하고 평가하기 위한 가장 보편적인 방법 중의 하나이다. 교사들은 늘 학생들을 접하고 있으며 개별 학생 단위로나 항상 관찰하게 된다. 예컨대 학생들 간의 사회적 관계

구조를 파악하기 위해 한 집단 내에서 개인 간 또는 소집단간의 역동적 관계를 집중적으로 관찰할 수 있다.

여덟째, 자기평가 및 동료평가 보고서법에서 자기평가(self-evaluation) 보고서법이란 특정 주제나 교수·학습 영역에 대하여 자기 스스로 학습과정이나 학습결과에 대한 자세한 평가보고서를 작성·제출하도록 하여 평가하는 것이다. 동료평가(peer-evaluation)보고서법이란 동료 학생들이 상대방을 서로 평가하도록 하는 것이다.

아홉째, 연구보고서법이란 각 교과별로나 통합교과적으로 여러 연구 주제 중에서 학생의 능력이나 흥미에 적합한 주제를 선택하되 그 주제에 대해서 자기 나름대로 수집하고 분석·종합하여 연구보고서를 작성·제출하도록 하여 평가하는 것이다. 이때 연구의 주제나 범위에 따라 개인적으로 할 수도 있고 관심 있는 학생들이 함께 모여서 단체로 할 수도 있다.

열 번째, 포트폴리오(portfolio)법이란 자신이 쓰거나 만든 작품을 지속적이면서도 체계적으로 모아둔 개인별 작품집 혹은 서류철을 이용한 평가방법이라 할 수 있다.

이상의 다양한 수행평가 유형들은 상호 배타적인 관계가 아닌 상보적 관계로 이해되어야 한다. 또한, 교과의 특성에 따라서 적절한 평가 유형을 선별적, 차별적으로 적용해가야 할 필요가 있다. 10여 가지의 다양한 유형들을 어느 교과에나 적용하려는 접근은 결코 바람직스럽지 못하며, 교과의 특성에 가장 적합한 유형을 중심으로 수행평가 도구를 개발하여 활용해 가야 할 것이다.

기본적으로 평가의 유형은 평가장면, 평가주체, 평가과제, 평가시기 등의 여러 가지 준거에 비추어 다양하게 분류될 수가 있다. 그런데 위에서 소개된 수행평가 유형은 그러한 속성이 반영되지 못한 채로 여러 가지 평가유형들이 혼재되어 있는 것 같다. 따라서 여기서는 수행평가에서의 평가과제의 속성에 비추어 크게 네 가지 유형으로 범주화하고 각각의 특성과 예시를 제시해 보고자 한다. 보다 구체적으로 수행평가는 지필고사에 의한 수행평가, 실기 · 실험 · 실습에 의한 수행평가, 연구 프로젝트에 의한 수행평가, 마지막으로 포트폴리오에 의한 수행평가로 구분될 수가 있다.

1) 지필고사에 의한 수행평가

비록 수행평가 체제가 도입되었다손 치더라도, 기존의 지필고사에 의한 평가관행은 결코 가벼이 여길 수 없다. 중요한 것은, 어떻게 기존의 지필고사 유형들을 맥락적이고 수행중심의 과제로 개선할 수 있느냐의 문제이다. 이 유형에는 개선된 선다형 문항, 단답형, 개념 지도 및 서술 · 논술형 문항 등이 속하며, 특정한 교과내용 영역에 속하는 기본개념, 절차, 관련성, 및 사고기능 등에 관한 학생의 학습 정도를 확인하기 위한 것이다.

(1) 단답식 개방형 과제

개방형 과제에서는 학생들에게 자극을 던져주고 그것에 대한 자신의 반응을 표현하도록 한다. 물론 반응은 필답일 수도 있고 그림일 수도 있고, 수학문제의 풀이일 수도 있다. 과제의 개방성은 반응안내문에 나오는 제약조건이나 지시사항에 따라 달라진다. 그래서 간혹은 아주 개방적인 문항을 보고 자유반응문항(free-response)이라고도 한다.

개방형 과제는 잘 설계만 하면 학생들을 매우 흥미진진하게 만들 수가 있다. 과제 자체가 열려져 있기 때문에 동일한 과제를 다양한 방식으로 접근할 수 있게끔 허용할 수 있으며, 따라서 학생들도 자신의 반응을 구조화하기 위해 서로 색다른 길을 걸어갈 수도 있다.

대부분의 단답형 평가과제는 학생의 관심을 유도하기 위한 자극으로 시작하는 데, 이때의 자극은 문제 상황일 수도 있고, 만화, 지도, 다이어그램, 사진일 수도 있다. 자극이 나온 뒤에는 그것을 이용하여 학생들이 수행할 과제에 대한 설명이 나온다. 예를 들어, 무엇을 해석해보라든지, 특정한 실험을 실행하라든지, 혹은 어떤 일을 예측해 보는 설명이 나온다.

또한 상당수의 단답형 평가과제에는 어느 정도의 도약판 혹은 반응안내문(scaffolding)이 나오기도 한다. 이것은 학생들에게 자신의 반응을 구조화 할 수 있도록 도와주는 안내자로서, 반응에 반드시 포함시켜야 할 핵심관념의 목록이나 그것의 설명, 혹은 수행반응을 평가하는 데 활용될 평가준거 등을 제시해 주는 경우를 가리킨다. 결국 반응안내문은 학생들의 문제해결 사고를 촉진시켜 줄 목적으로 마련된 것이다.

(2) 개선된 선다형(multiple-choice type) 과제

일반적으로 선다형 과제는 수행평가의 과제로서 적절하지 못하다고 느끼고 있다. 선다형 중심의 평가는 학생의 단순 암기력이나 추측력만 측정해 낼 뿐이지 지식의 활용능력을 평가하지 못한다는 것이다. 그러나 기존의 형태와는 달리 잘만 재구성한다면 선다형도 좋은 수행과제가 될 수 있다는 주장도 있다. 선다형도 단답형 수행과제와 마찬가지로 학생의 개념 이해도나 고차적 사고기능을 평가해 낼 수가 있다는 것이다.

개선된 선다형 문항들이 개발되기 시작하였다. 이 과제는 문제자체가 전통적인 검사문항보다는 훨씬 더 현실생활의 반영정도가 뛰어나며 정확한 반응을 결정짓기 위하여 요구되는 사고과정이 훨씬 더 도전적이라는 점에서 볼 때 수행과제로서 유용하다고 받아들여진다. 물론 학생들에게 자신의 반응을 설명하고 정당화하도록 요구함으로써 개방형의 형식을 갖출 수도 있다.

(3) 개념지도 작성(concept mapping)

최근에는 학생들의 관념 이해력과 관계성 파악능력을 확인하기 위해서 개념지도 작성법이라는 새로운 평가도구들이 활용되고 있다. 개념지도는 학생들이 개념 및 개념간 관련성에 대한 자신의 이해정도를 표현하기 위해서 스스로 만들어 낸 정보의 묶음 혹은 집을 가리킨다. 개념지도는 종이의 중앙에 핵심개념을 적어 넣고 그 개념과 관련 있다고 생각되는 개념들을 선이나 단어로써 연결하여 하나의 관념망을 그려간 것이다.

개념지도 작성법은 작문능력이 뛰어 나지 못하거나 가정의 문화적 배경과 학습능력에 차이가 있는 학생들이 한데 어우러져 있는 교실에서 특히 유용한 평가도구이다. 또한 이 방법은 시간이 지남에 따라 개념들 간의 관계에 대한 학생의 이해가 어떻게 변화해 가고 있는 지를 평가해 보는 데에도 유용하다. 요즈음 개념지도 작성법은 그 응용범위가 넓어 사고력 중심의 두뇌개발 프로그램인 마인드 맵(mind-map)에까지 널리 이용되고 있다.

(4) 서술형 · 논술형 수행평가

주관식 검사라고 하는 것으로 문제의 답을 선택하는 것이 아니라, 학생들이 직접 서술하는 검사의 형태이다. 보통은 모범답안을 상정하고 있는 경우가 대부분이나, 학생들이 단순히 암기하고 있는 수준이 아니라 문제해결의 과정을 제대로 이해하고 있는지를 파악하기 위한 경우가 많다.

한편, 논술형 검사란 일종의 서술형 검사이기는 하지만 특별히 상정하고 있는 정답이 없는 상태에서 개인 나름의 생각이나 주장을 창의적이고 논리적이면서도 설득력 있게 조직하여 작성해야 함을 강조한다는 점에서 서술형과는 구별된다. 논술형 검사는 서술된 내용의 깊이와 넓이뿐만 아니라 글을 조직하고 구성하는 능력을 동시에 평가하게 된다. 이러한 논술형 검사를 통해서 학생들의 창의력, 문제 해결력, 비판력, 조직력, 정보수집 및 분석력 등 고등 사고기능을 제대로 평가할 수 있게 된다.

2) 실험 · 실기 · 실습에 의한 수행평가

수행평가에서 언급되는 실기시험과 기존의 실기시험의 가장 큰 차이점은 실기를 하는 상황의 성격이 다른 것이다. 기존의 실기시험에서는 평가가 이루어지는 상황이 통제되거나 강요되는 경우가 대부분이다.

실험 · 실습법은 자연과학 분야에서 많이 사용되는 것으로 어떤 과제에 대해서 학생들로 하여금 직접 실험 · 실습을 하게 한 후, 그 결과 보고서를 제출하게 한다. 이때 개인단위로 실험 · 실습을 하게 할 수도 있고 팀을 구성하여 공동 작업을 하게 할 수도 있다. 평가자는 학생들의 실험 · 실습 과정을 직접 관찰함과 아울러 제출된 결과보고서를 동시에 고려하여 평가하게 된다. 채점표를 이용하여 상황과 필요에 따라 적절한 형태의 채점표를 나름대로 작성하여 활용할 수 있을 것이다.

3) 연구 프로젝트에 의한 수행평가

학습자의 보다 포괄적인 역량을 평가하기 위해서 많이 응용되고 있다. 흔히 사건과제는 구체적인 교과영역에 근거하는 경우가 많은 데,

이때 특정 교과에 관한 지식을 확인하는 일 뿐만이 아니라 그 지식을 실제에 어떻게 적용할 것인지도 평가한다. 전형적으로 이러한 과제는 한두 시간씩 소요되기도 한다.

단답형 수행과제가 주로 개인적 차원에서 진행된다면, 사건과제는 집단으로 해결되는 경우가 많다. 평가는 학생의 수행에 대한 교사의 관찰, 학생의 과제수행 표본에 대한 채점, 자기평가, 동료평가 혹은 이상의 방법들이 결합되어 활용된다.

(1) 문제해결 및 분석과제

사건과제는 흔히들 문제해결과 분석기술을 평가하기 위해 개발된 것이라고들 한다. 물론 문제해결과제는 그 종류나 복잡성이 다양하다. 그러나 공통적인 틀을 보면, 가장 먼저 학생들에게 현실생활 속의 문제나 상황을 던져 주고 계획을 세우도록 하며 나아가서는 해결책을 강구해 보도록 요구하는 형태를 띤다. 대개는 문제나 과제의 성격을 분명하게 규정해 준다. 그러나 간혹은 막연하거나 불완전한 문제를 던지기도 하며, 심지어는 과제 자체를 훨씬 더 현실적이게끔 약간은 혼돈스러운 정보를 던지기도 한다.

(2) 장기적(長期的) 복합과제

이 과제는 한 학기, 혹은 하나의 독립된 교육기간을 시작하는 시점에서 부과하는 장기적이고 다목적적인 수행평가과제이다. 그렇기 때문에 이 과제는 특정한 교과영역에서 볼 때에는 장기적인 프로젝트의 형태를 보이고 있으며, 학기가 종료되는 시점에 가서 통과 및 수료의 의식이나 전시행사로 평가되기도 한다. 이 가운데 장기 프로젝트는 학기 중간에도 활용할 수 있는 수행평가과제이다.

흔히 장기 프로젝트는 교육과정 내에서 볼 때 한 단원의 초점으로서의 역할을 한다. 교과내용과 실생활을 연결시켜 학습 및 평가를 위한 현실세계 같은 상황을 만들어 낸다. 예를 들어, 학생들에게 지역사회가 안고 있는 문제들을 직접 현장에 출동하여 자료를 수집·분석하고, 그 해결책을 제안하도록 요구한다면, 이 수행과제는 학생들의 생활 장면과 밀착된 과제를 통해 평가함으로써 그 만큼 현실성이 증대되는 것이다.

4) 포트폴리오에 의한 수행평가

최근 들어 초·중등학교에서 포트폴리오 평가방식이 자주 거론되고 있다. 원래가 포트폴리오 평가의 관행은 건축학, 광고, 예술, 사진학, 및 언론학 등에서 널리 사용되어 오고 있었다. 이러한 직업에 종사할 사람들은 미래의 잠재 수요자나 자신들의 고용주들에게 보여줄 목적으로 자신의 작품표본을 담아 두는 포트폴리오를 수집하곤 했다.

이러한 특성의 포트폴리오가 교육장면에도 적용될 수가 있다. 예를 들어 포트폴리오를 준비하고 평가하는 일은 학생개인의 실제수행에 초점을 맞춘다는 것이다. 포트폴리오의 초점은 학생의 최고작품과 함께 학생의 성취물을 강조하는 것이다. 학생작품의 평가는 교사와 학생이 동시에 관계한다는 점에서 협동적이다.

포트폴리오의 기본속성은 포트폴리오는 우리말로 작품집이라고 번역된다. 이 단어는 폴리오(folios)에서 생겨난 것이다. 폴리오는 학생작품을 복합적인 매체로써 집합시켜 놓은 것을 가리킨다.

폴리오에는 과정(process) 폴리오와 포트(port) 폴리오의 두 가지 유형이 있는데, 양자는 그 속에 담겨진 내용물에 차이가 있다. 과정 폴리오에는 학습 및 창작활동의 과정(초안까지도 포함)들이 기록되어 있으며,

그 과정에 대한 반성결과, 장애나 애로사항, 심지어 절망적이었던 일까지도 포함되어 있다. 포트폴리오는 최종적인 완성품에 초점을 맞추고 있다. 포트폴리오는 작품제작 과정의 특징과 범위보다는 오히려 성취물 자체의 질과 범위를 기록하고 반성하려는 목적을 지니고 있다.

이 평가방안은 학생을 자신의 작품평가과정에 참여시킴으로써 주인의식을 높이고 그들의 진보정도를 감각적으로 확인시켜 줄 수 있는 장점을 지니고 있는 것이다. 동시에 작품은 그만큼 교육내용 자체와 학생의 생활과의 적합성이 증가할 수 있는 장점을 지니고 있다.

학교 교실현장에서 활용될 수 있는 포트폴리오는 세 가지의 핵심요소로써 구성된다.

포트폴리오는 첫째, 작품의 표본(samples)으로 구성되어 있다. 이 작품은 곧 평가가 진행될 수 있는 원재료인 셈이다. 둘째, 포트폴리오에는 학생들이 성취하게끔 기대되고 있는 목표 진술문이 들어 있다. 마지막으로는 해석판이 포함된다. 이 해석판은 학생의 작품에 대한 교사와 학생의 평가결과를 기록하여 담아두는 부분이다.

작품표본(work sample)은 대개가 학습자에 의해서 선택된다. 그러나 각 표본은 학습자가 주어진 학습목표를 얼마나 잘 성취해 가는지를 보여주는 증거이기 때문에 목표를 벗어나서 임의적으로 선택할 수는 없다. 철저히 선택된 학생작품 표본이야말로 포트폴리오 평가의 핵심이다.

그러나 작품표본은 단지 학생능력의 일부분만을 드러내 줄뿐이다. 비록 학생들이 포트폴리오를 선택하기는 하지만, 교사는 모든 포트폴리오에 공통적인 작품표본을 확인해 내어야 한다. 그래야 학습자간의 비교가 가능하기 때문이다. 또한 이 공통성이 학습자의 작품을 채점하는 기준이 되기도 한다.

포트폴리오에 포함되는 목표 진술문은 작품표본을 선정하고 평가하는 틀이 된다. 이 목록은 학생들이 성취하고자 노력하는 일이 무엇인지를 가리켜 주며, 포트폴리오를 통하여 학생들이 과시해 보여야 하는 기능의 종류와 수준을 명시해 준다. 포트폴리오에서는 목표 진술문이 가장 눈에 잘 뜨이는 위치, 즉 가장 앞자리에 나타나며, 따라서 학생과 교사가 포트폴리오를 개봉하였을 때 언제든지 쉽게 활용할 수가 있다.

마지막으로 해석판(annotations)을 들 수 있는 데, 이 부분은 교사와 학생이 작품을 평가한 결과가 담겨진 곳이다. 이 평가결과는 포트폴리오 속의 고정된 장소에 위치시켜야 한다. 이 해석판은 포트폴리오를 검토할 때마다 참조할 수 있는 자료가 된다. 그 좋은 방법으로는 각 목표마다 별도의 해석기록 공간을 할애하는 것이다. 그런 연후에 전반적인 논평을 할 수 있는 공간을 비워두는 방법으로 대부분의 포트폴리오는 자기 평가적이고 반성적인 진술문을 포함하고 있다.

5) 포트폴리오의 채점

포트폴리오의 채점은 학생의 작품을 평가의 목적에 비추어 판단하는 일로서, 학생이 수업목표를 얼마나 성취하였는가를 확인하는 일이다. 따라서 포트폴리오에 담겨져 있는 작품표본 그 자체는 수업목표가 아니다. 작품표본은 아동이 수업목표를 달성하였는지 그렇지 못한지를 판단하기 위한 지표에 불과할 뿐이다.

포트폴리오 평가에서는 전통적인 지필고사 중심의 채점방식과는 전혀 다른 기법을 활용하게 된다. 컴퓨터와 같은 채점기계는 아동의 음악적 재능과 연기력, 과학적 실험능력, 문장력 등을 채점해 줄 수가 없을 것이며, 결국에는 인간에 의한 평가에 의존할 수밖에 없다. 물론 평가적 판단의 내용을 요약하기 위하여 숫자를 활용할 수도 있겠지만, 포트폴리오의 경우에는 숫자보다도 질적인 용어를 많이 사용한다. 점수로 80점, 90점이라고 채점하기보다는, “완벽한 또는 초보적, 멋진 또는 빈약한” 등과 같은 어구를 사용하거나 “좀 더 노력해야겠습니다.”, “글의 표현이 분명합니다.” 등과 같이 교사의 주관적 판단을 서술식 문장으로 기록하기도 한다.

일반적으로, 포트폴리오 평가에서는 두 가지의 채점기법을 많이 활용하고 있다.

첫째는 종합적 · 총체적 채점기법(holistic scoring)이다. 이 기법은 학생의 작품을 하나의 전체로서 이해하고 전반적인 인상에 대한 점수를 부과하는 절차이다. 이 기법은 대개가 4점 척도나 6점 척도 등을 활용하여 작품표본에 하나의 점수를 부과하며, 평가의 대상이 많고 비교적 신속하면서도 일관된 채점이 요구되는 장면에서 많이 활용된다.

두 번째로, 분석적 채점기법(analytic scoring)이 있다. 이 접근방식은 학생의 작품이 지니고 있는 상이한 특성이나 차원별로 점수를 할당하는 방법이다. 이 방법은 총체적 채점법보다 시간이 더욱 많이 소요되지만, 학생의 작품에 대해 훨씬 더 상세한 정보를 제공해 준다. 그렇기 때문에, 간혹은 진단적 목적으로 활용되어, 학생 자신의 강약점을 확인하거나 특정 프로그램의 개선을 위한 정보를 찾아내는 데 이용되기도 한다.

포트폴리오 평가에서는 어느 방법을 활용하든지 간에, 평가결과의 일관성 및 신뢰성을 유지하기 위해서, 채점판 또는 채점기준표(scoring rubrics), 수준별 모범답안(bench-marks)의 사용을 권장하고 있다.

포트폴리오 평가에서 채점판만으로는 신뢰할 수 있는 채점을 하기 곤란한 경우들이 많다. 이럴 경우 채점의 구체적이고 실질적인 안내자의 역할을 할 수 있는 수준별 모범답안(bench-marks)을 작성해서 활용하는 게 바람직할 수 있다. 일반적으로 벤치마크는 동일한 채점판 내에서 수준별로 수행능력을 구분하여 진술해 놓은 채점 안내자를 가리킨다. 따라서 한 채점판 속에 3-5개의 척도가 활용된다면 각 척도별로 알맞은 반응을 상세하게 진술하여 3-5개의 벤치마크를 작성하게 된다.

결국 포트폴리오 평가에서는 어떤 경우이든지 평가의 신뢰성과 타당성을 높이기 위하여 채점반과 수준별 모범답안을 작성하여 활용하여야 하며, 평가의 목적에 따라 총체적 채점기법과 분석적 채점기법을 적절하게 활용하여야 한다. 평가의 주목적이 총괄적인 성격을 강하게 띠고 있을 경우에는 총체적 채점기법이 적절하고, 포트폴리오에 대한 상세한 정보를 필요로 하는 경우나 아동의 수행능력상의 피드백 정보를 필요로 할 경우에는 분석적 기법이 더욱 유용할 것이다.

2. 수행평가의 시행 방법 및 절차

학교현장에서 수행평가를 제대로 시행하기 위해서는 평가방법이나 절차만을 고려해야 하는 것이 아니라 교육목표 및 수업방법도 고려하여야 한다. 평가방법을 다양화, 전문화, 특성화하기 위해서는 우선 교수·학습 방법의 다양화, 전문화, 특성화가 선행되어야 한다. 학교현장에서는 다음과 같은 절차에 의해 수행평가를 시행하는 것이 바람직할 것이다.

첫째, 각 교과목담당 교사들과의 상호 협의를 거쳐 학기별 혹은 연간 '수업 및 평가계획서'를 사전에 작성한다.

둘째, '수업 및 계획서'에 따라 수업을 진행하기 위해서는 학생들에게 무엇을 가르칠 것인가를 보다 구체화할 필요가 있다.(성취기준의 구체화)

셋째, '수업 및 평가계획서'에 따라 앞서 개발한 성취기준을 이용하여 실제로 다양화, 전문화, 특성화된 수업을 하는 것이 필요하다.

넷째, 앞서 개발한 성취기준을 이용하여 수업을 한 후 학생들이 성취기준을 얼마나 성취했는지 그 성취정도를 파악하기 위하여 평가기준을 명확히 하는 것이 필요하다.

다섯째, '수업 및 평가 계획서', 성취기준, 평가기준 등을 충분히 고려하여 적절한 평가방법을 결정하고 평가도구를 실제로 제작한다.

여섯째, 개발한 수행평가 도구를 이용하여 실제로 다양화, 전문화, 특성화된 평가를 시행한다.

일곱째, 채점 기준표에 따라 채점하고, 그 결과를 보고한다.

여덟째, 교사는 학생의 평가결과를 '수업 및 평가계획서'로 작성하는데 활용하는 등에 피드백 한다. 〈표 7-1〉과 같다.

〈표 7-1〉 수행평가의 시행 방법 및 절차

① 학기별 혹은 연간 '수업 및 평가계획서'를 작성한다.

↓

② 가르치고자 하는 '성취기준'(교육목표 및 내용)을 구체화 한다.

↓

③ 실제로 다양화, 전문화, 특성화된 수업을 진행한다.

↓

④ 성취기준을 실제로 얼마나 성취했는지, 그 성취정도를 파악하기 위한 '평가기준'을 명확히 한다.

↓

⑤ 적절한 평가방법을 결정하고 적절한 평가도구를 제작한다.
(모범답안 및 채점기준표 작성 포함)

↓

⑥ 실제로 다양화, 전문화, 특성화된 평가를 실시한다.

↓

⑦ 채점 기준표에 따라 채점을 하고, 그 결과를 보고한다.

↓

⑧ 평가의 결과를 교수·학습 활동에 피드백 한다.

〈표 7-2〉 20××년 ○학년 ◇학기 □□과목 수업 및 평가 계획서(예시)

항목	세 부 사 항									비고
분기	1/4 분기				2/4 분기					
대영역	Ⅰ○○○○			Ⅱ◇◇◇◇			Ⅲ□□□□		종합	
중영역 (교육내용)	1.○○	2.○○	3.◇◇	4.□□	5.△△	6.▽▽	7.☆☆	8.▷▷	참여도	
수업시기 (주차별)	1,2	3,4	5,6	7,8	9,10	11,12	13,14	15,16	-	
수업방법	강의	강의1/2 발표1/2	강의	실험 실습	강의1/2 실습1/2	강의1/2 실습1/2	실험 실습	강의	-	
평가방법	선택형	실기 발표	서술형	실기	실기	실기	실기	선택형	관찰,면담	
평가시기 (주차별)	9주차 (중간고사)	수업중	9주차 (중간고사)	수업중	수업중	수업중	수업중	17주차 (기말고사)	수시	
배점	10	10	10	15	10	15	10	10	10	
특기사항										
기타	중간고사는 9주차에, 기말고사는 17주차에 실시한다. 실험, 실습은 실험실 및 실습 포장에서 실시하며, 실험, 실습이 끝난 다음 보고서 및 실습 결과, 실습 태도 등에 대하여 평가한다.									

3. 전문교과의 평가

제7차 교육과정에서는 전문교과를 이론 중심의 교과와 이론, 실습의 통합 교과 및 전문 실습 교과로 분류하고 있다. 전문교과의 평가는 이러한 교과의 특성에 따라 이론과 실기 평가의 비율을 조정하여 적용하여야 하며, 다양한 방법을 통한 수행평가가 이루어지도록 평가하여야 할 것이다.

첫째, 이론 교과의 평가에서 이론교과의 지도는 일반적인 사항의 이해 및 기본적인 개념과 원리를 중심으로 변화하는 산업사회를 이해하는데 중점을 두고 지도하며, 이론의 평가는 단편적이고 단순・직업적인 문제보다는 창의적인 사고의 실용적인 면에 중점을 두고 실시하며, 수행평가는 견학, 조사, 관찰 보고서 등으로 평가할 수 있으며 토론법, 보고서법 및 포트폴리오법 등 다양한 방법으로 평가할 수 있다.

둘째, 이론・실습 통합 교과의 평가에서 이론의 평가는 이론 교과의 연계성에 유의하여 평가하되 실습의 기초 및 근거가 되는 내용을 창의적인 사고와 실용적인 면에 중점을 두고 평가하며, 실습의 평가는 실험・실습을 중심으로 평가하고 실험・실습의 세부평가 기준을 작성하여 단계별 평가와 종합적인 평가가 동시에 이루어지도록 하여야 한다. 이 교과의 평가에서는 실험・실습의 결과뿐만 아니라 준비도, 태도, 안전수칙의 이행, 정리정돈 등의 정의적인 영역의 평가도 반영하도록 한다.

셋째, 전문 실습 교과의 평가는 교과의 평가를 산업체의 현장 적응성을 고려하여 실습요소를 추출하고 지도하며, 실습요소별 세부 평가기준을 작성하여 평가한다. 실습요소에 대한 실험・실습이 어려운 경우에는 견학 또는 과제학습의 결과물로 평가할 수 있으며, 관찰 또는 감별 등을 활용하여 평가할 수도 있으나 가급적 실물자료를 이용하여 지도 평가할 수 있도록 한다. 개인과제의 평가는 개인과제 및 공동과제 등으로 부과하여 그 결과 및 과제 이수과정 등을 종합적으로 평가한다. 또한 현장실습의 평가를 평가에 반영할 수 있다.

4. 상업에 관한 교과

기초 이론 교과 교과목은 상업경제, 회계원리, 컴퓨터 일반, 경영대요, 상업법규, 국제경영, 시각디자인 일반, 비서 일반, 사무자동화 일반, 마케팅, 광고 일반, 유통관리 일반 등으로 표시되며, 이 교과목을 평가시에 유의할 점은 개념, 원리 등을 지필고사에 의해 평가하되, 서술형 주관식 평가와 표현 및 태도의 관찰평가가 조화롭게 이루어지도록 하고, 그 결과는 학습결손의 보충자료로 활용한다.

현장학습에 관한 관찰과 조사, 분석 등의 평가는 그 결과뿐만 아니라 준비학습, 태도, 보고서, 학습과정에 대한 평가도 병행되도록 한다.

교과와 관련된 사례조사, 분석, 및 서식작성 능력과 문제해결 능력 등을 종합적으로 평가한다.

또한, 실무 기본교과 교과목은 기업회계, 원가회계, 세무회계, 국제상무, 자료처리, 사진, 그래픽 디자인, 컴퓨터 그래픽 등으로 구분되고, 평가시 유의할 점은 교과의 특성을 고려하여 서술형 주관식 평가와 객관식 평가 등을 적절히 병행한 이론평가와 실기평가가 병행되도록 한다.

실습의 평가는 교과목의 성격을 고려하여 세부기준을 마련하여 실시하고, 실시기준과 평가방법을 사전에 학생들에게 제시해 준다. 평소 학생들의 실습상황을 누가 기록하여 평가에 반영한다.

마지막으로 실무 심화교과 교과목은 상업계산 실무, 경영실무, 회계실무, 무역영어, 전산실무, 프로그래밍실무, 시각디자인실무, 관광경영실무, 비서실무, 사무자동화실무, 문서실무, 유통정보실무 등으로 구분되고, 평가시에 유의할 점은 교과의 특성을 고려한 실무능력을 평가하되 과제의 부과, 실무능력, 컴퓨터 활용 능력 등 다양한 방법으로 평가한다.

교과와 관련된 사례조사, 분석 및 서식작성 능력과 문제 해결력 등을 평가에 반영한다.

학생의 개별적 평가 외에 집단적 평가방법을 적용하여 과제의 공동개발에 따르는 협동, 책임감 등을 평가한다.

실무 심화교과인 점을 고려하여 지필평가 보다 실습과정과 실습 결과의 평가에 비중을 크게 둔다.

제2절 기술의 평가방법

상업과에서 기술에 대한 평가의 입장은 대단히 중요하다. 그러나 기술에 대한 평가는 곤란하며 객관성이 희박한 경우가 많다. 이러한 학습의 기술은 대별하면 두 가지로 분류할 수 있다.

1. 개성 및 환경이나 상업적인 사업(Business)에 대한 적정한 판단력, 비판력, 분석력 등의 방면

2. 기술적 기술

직업적 실천기술로서 신속, 정확 등의 방면, 각 단원마다 상세한 목표를 설정하여 학습의 과정이나 효과에 의해 평가할 수 있지만 종합적인 결과로 나온 작품에 대한 평가를 하는 1:1 교차법이나 학습의 요점을 세밀하게 평가하는 분석적인 기술척도법 등을 생각할 수 있다. 전자는 결과가 되는 작품 등을 통해서 평가하는 상대평가방법이며 후자는 실무나 실천의 작업에 대하여 분석하고 평가하는 비교적인 절대적 방법이다.

1) 기술척도법

관찰의 대조인 작품이나 개인에 대한 우열, 호악, 미추 등의 일정 성질이 존재하는 정도에 적응한 일정집단을 계통적 순서에 따라 배열하는 것이다. 품등(品等)은 순서로 순위 적으로 표현하는 것이며 정상곡선을 가정하고 그 분포상태에 있어서 척도순(Rating Scale)으로 환산할 수 있도록 한 것이다. 만일 누구든지 판정자가 되어 이들의 관찰대조로 순위를 정하게 될 경우에는 순위평균과 평균편차를 구할 수 있다. 평균편차의 대소는 누구든지 판정자에 의해 주어진 순위의 일치도에 따라 신뢰성을 표현할 수 있게 된다.

2) 1대1비교법

종합적인 평가방법이며 결과로서 나온 작품 등을 2개씩 1대1로 비교함으로써 우수한 것을 판단하는 평가법이다. 그러나 평가를 하는 것이 적은 경우에는 문제가 없지만 대부분 노력을 요하는 것이 많으므로 실시가 곤란하게 된다.

학습효과를 평가하는 경우에는 어떤 때에는 우연이나 모방을 해도 성공하는 경우가 있으며 어떤 경우에는 우수한 창조연구를 해도 나쁜 결과가 나오는 수가 있게 된다. 새 교육정신은 결과주의라기보다 학습과정을 중시하는 경향이 있으므로 이 점에 특히 유의해야 되겠다.

단원의 성질이나 목표 및 발달단계에 의한 1대1비교법이나 척도법,

관찰법 등을 단용 또는 병용해서 평가해야 할 것이다. 그리고 평가는 평가를 위한 평가가 되어서는 안 된다. 기술에 있어서도 항상 안내적, 지도적 입장에서 평가로서나 과정으로서나 어떠한 경우라도 원인 탐구적, 진단적 및 계속적 평가가 되어야 한다. 그러므로 학생들이 자기평가나 교사의 냉정하면서도 과학적이며 충만한 애정으로서 학생들의 기술을 일일이 관찰하여 평가하는 방법도 중요하다.

제3절 지식 · 이해의 평가방법

1. 가정과 직업생활의 사회적, 경제적인 지식 · 이해

지식이나 이해는 물론 상업지식으로서 비교적 사회과 학습과 유사한 학습활동에 의해 평가하려는 경우도 있지만 상업과의 본질로 보면 두 방면으로 평가할 수 있다. 즉, 상업기술을 통한 지식이며 이해라는 것이 바람직하다. 여기에 이들 평가에 대해서는 어느 정도 각 단원에 구체적으로 상세한 목표가 있어서 학습상황, 결과를 조사해서 평가하게 되는데 여기서도 객관성이 요구되는 것이다. 평가방법에는 다음과 같은 방법이 사용되고 있다.

1) 종합적 평가법

실제로 실습일지, 보고서, 논문, 토의 등을 관찰하거나 면접을 해서 올바른 지식이나 이해에 대하여 평가하거나 의견을 듣거나 논문체에 의한 평가방법도 있다. 이러한 방법은 전체적으로 확실히 실용성도 있으며 많이 사용되고 있다. 이것은 교사의 주관적인 해석이나 평가가 되기 쉽고 객관성이 희박한 것이 결점이다. 다만 논문체 테스트나 토의에 있어서는 이제까지 실습이나 견학, 연구에 의해 얻은 단편적인 지식·이해를 체계화하거나 정리할 수 있는 장점도 있다.

2) 분석적 평가법

첫째, 선택법→회답이 수종의 선택지로 되어 있어서 그 중에서 정답을 고르는 방법이다.

둘째, 진위법→문제에 나타나 있는 명제의 진위를 판단하는 방법이다.

셋째, 결합법→이군의 사항 간에 관계가 깊은 것을 일군 중에서 타군의 사항과 결합시키는 방법이다.

넷째, 재생법→질문에 의하여 단 하나의 회답을 재생시키는 방법이다.

다섯째, 완성법→문제의 문장일부를 공백으로 해서 전체문맥으로 미루어 보아 그 공백을 보전하는 방법이다.

여섯째, 기록법→일방에 문제를 타방에 답을 게시해서 문제의 바른 답에 해당하는 것을 기록시키는 방법이다.

일곱째, 도해법→문제의 회답을 도해에 의해 실현시키는 방법이다.

여덟째, 정정법→문장 중에 틀린 곳이 있으면 바르게 정정시키는 방법이다.

아홉째, 작문법→문장 중에 빠진 부분에 대하여 바른 문장으로 작문을 시키는 방법이다.

열 번째, 배열법→하나의 원리를 기초로 하여 전후 순서를 정하여 순서대로 바르게 배열시키는 방법이다.

2. 태도의 평가방법

태도의 평가법에는 기술척도법, 1대1비교법, 교사간의 의견, 학생간의 평가, 학생의 자기평가, 가정에서의 평가 등이 있다.

3. 적성 · 흥미의 평가방법

적성에 있어서는 지성, 언어적성, 수적지각, 형태지각, 공감, 운동속도 등이며 흥미에 있어서는 적성면에 의하여 다시 변화하게 되는 것이다.

4. 적응의 평가방법

적응과정에 대한 상세한 분석조사, 자료에 의한 평가 등이 있다.

5. 환경의 평가방법

학생은 일반적으로 가정, 학교, 사회라는 교착하는 환경이 있다. 이 환경의 평가에는 가정환경은 사회적, 경제적 상황, 양친 대 자녀관계, 형제자매관계, 문화정도, 도덕수준, 빈부, 원만성 등을 질문지법이나 가정방문의 자료에 의한 평가를 해야 하고 사회 환경은 특히 여가이용에 의한 성격이나 개성이 보다 건설적 방향으로 형성되어 있는가? 등을 평가해야 하며 학교환경은 단지 물질적인 면만을 보지 말고 정신적, 심리적인 환경 등의 바람직한 점 등을 조사하여 평가해야 한다.

6. 신체의 평가방법

학습경험, 일상생활의 관찰, 보건체육, 건강교육 등과 연결된 신체감사자료를 기초로 하여 개별적 면접에 의한 평가를 해야 한다.

7. 관찰의 평가방법

인간정신은 다양성과 동시에 통일성의 양면에 의해 조화적으로 인간을 형성하고 있다. 인격은 신체적 표현 및 행동이 개인적 특성에 의해 이루어지고 있으므로 행동의 특징은 인격의 특징을 나타내고 이 특징은 사회적인 가치의 방향이 되는 것이다. 따라서 이 행동이 개인에 대한 특징을 기록하는 것은 인격의 발전을 기원하는 교육에 있어서 대단히 중요한 것이다, 그러면 관찰의 방법은 첫째, 행동을 주 구조로 취급해야 한다. 행동은 인격의 표현이므로 어떤 부분을 관찰해도 전체적으로 연관을 가지게 된다. 그러므로 어떤 관점에서든지 취급한 것을 기록할 필요가 있다. 둘째, 관찰에는 그 양면을 규정해야 한다. 학생들의 생활양면에 있어서 중요한 구체적 행동의 현시 및 정도를 주의 깊게 관찰하여 기록하는 것이 필요하다. 또한 행동은 인격의 표현이며 그 인격은 연령에 따라 발달형태가 변화하는 것이므로 행동의 바른 기록을 얻기 위해서는 발달기준에 의한 평가척도가 필요하게 된다. 그리고 관찰기록 법에는 행동 유지묘사법, 행동목록법, 자기평가법 등이 있다.

핵심정리

- 수행평가의 일반적 특징은 첫째, 학생의 지식이나 기능이나 태도 등에 대해 평가함에 있어서 교사의 전문적인 판단에 크게 의존하는 평가방식이다. 둘째, 학생이 문제의 정답을 선택하는 것이 아니라 자기 스스로 정답을 작성(서술 혹은 구성)하거나 행동이 문제의 정답을 선택하는 평가방식이다. 셋째, 추구하고자 하는 교육목표의 달성 여부를 가능한 실제상황에서 직접 관찰할 수 있는 방식으로 평가하고자 하는 평가방식이다. 넷째, 교수・학습의 결과뿐만 아니라 교수・학습의 과정도 함께 중시하는 평가방식이다. 다섯째, 학생의 학습과정을 진단하고 개별학습을 촉진하려는 노력을 중시하는 평가방식이다. 여섯째, 개인을 단위로 해서 평가하기도 하지만 집단에 대한 평가도 중시하는 평가방식이다. 일곱째, 단편적인 영역에 대해 일회적으로 평가하기보다는 학생 개개인의 변화・발달과정을 종합적으로 평가하기 위해 전체적이면서도 지속적으로 이루어지는 것을 강조하는 평가방식이다.

- 수행평가의 절차는 첫째, 각 교과목담당 교사들과의 상호 협의를 거쳐 학기별 혹은 연간 '수업 및 평가 계획서'를 사전에 작성한다. 둘째, '수업 및 계획서'에 따라 수업을 진행하기 위해서는 학생들에게 무엇을 가르칠 것인가를 보다 구체화할 필요가 있다. 셋째, '수업 및 평가계획서'에 따라 앞서 개발한 성취기준을 이용하여 실제로 다양화, 전문화, 특성화된 수업을 하는 것이 필요하다. 넷째, 앞서 개발한 성취기준을 이용하여 수업을 한 후 학생들이 성취기준을 얼마나 성취했는지 그 성취정도를 파악하기 위하여 평가기준을 명확히 하는 것이 필요하다. 다섯째, '수업 및 평가 계획서', 성취기준, 평가기준 등을 충분히 고려하여 적절한 평가방법을 결정하고 평가도구를 실제로 제작한다. 여섯째, 개발한 수행평가 도구를 이용하여 실제로 다양화, 전문화, 특성화된 평가를 시행한다. 일곱째, 채점기준표에 따라 채점하고, 그 결과를 보고한다. 여덟째, 교사는 학생의 평가결과를 '수업 및 평가계획서'로 작성하는데 활용하는 등에 피드백 한다.

- 지식 및 이해의 평가방법은 가정과 직업생활의 사회적이고 개인적인 지식 이해, 태도의 평가방법, 적성 및 흥미의 평가방법, 적응의 평가방법, 환경의 평가방법, 신체의 평가방법, 관찰의 평가방법 등이 있다.

제 8장
열린 모형의 학습계획지도안

제 8 장
열린 모형의 학습계획지도안

다음은 상업정보 교과목 중 열린 교육모형의 활용–창의력 개발을 위한 회계원리 교수–학습계획지도안을 중심으로 상업과 교육과정의 이해, 열린 교육의 이론, 대단원의 학습지도 계획, 단원의 지도 계획, 단원의 평가계획, 본시 교수 · 학습 지도계획 단계로 이루어지는 학습지도안에 대한 사례를 살펴보면 다음과 같다.

제 1 절 상업과 교육과정의 이해

1. 상업교육의 목표

상업에 관한 교과의 목표는 “상업 및 경영에 관한 기초 지식과 기술을 습득하여 자신에게 맞는 진로를 선택할 수 있고, 급변하는 정보화 사회에서 창의적으로 적응하여 자아를 실현하며, 나아가 국민경제 발전에 기여하려는 적극적인 태도를 가진다.”이다.

첫째, 정보화 사회에 대한 폭넓은 이해와 소양을 지닌다.

둘째, 상업 및 경영의 각 분야에서 장래 우수한 직업인으로 활동하는

데 필요한 기초 지식과 태도를 가진다.

셋째, 상업 및 경영의 각 분야에서 다른 국가의 기업과의 교류를 통하여 국제협력을 도모하고, 국가·경제·사회발전에 공헌하는 책임의식과 태도를 가진다.

2. 회계원리 교과의 교육목표

회계의 기본원리를 이해하고 회계처리 능력을 습득하여 결산 재무제표 작성능력을 기른다. 회계의 기초, 자산·부채·자본의 회계처리, 수익과 비용의 회계처리, 결산과 재무제표, 전표회계와 회계자료의 전산처리를 학습한다.

상업계열 고등학교는 상업 및 경영의 각 분야에 종사할 인재를 양성하는 직업준비 교육기관이며, 상업교과는 직업인으로서 갖추어야 할 기초소양을 함양하고, 상업 및 경영의 각 분야에 대한 기초 지식과 기술을 습득하여 능력 있는 평생 직업인으로서의 태도를 갖출 수 있도록 교과내용을 구성하였다.

3. 교과내용

(1) 회계의 기초
(2) 자산·부채·자본의 회계처리
(3) 수익과 비용의 회계처리
(4) 결산과 재무제표
(5) 전표회계와 회계자료의 전산처리

4. 지도상의 유의점

첫째, 상업 계열 공통 필수과목으로서의 중요성과 회계의 실무 기본 교과와의 연계성을 고려하고, 회계의 기초이론을 명확하게 이해할 수 있도록 지도한다.

둘째, 회계이론은 보편적으로 적용되고 있는 방법을 중심으로 설명하고, 회계순환과정을 간단한 사례와 기장실습을 통하여 기본원리에 대한 이해를 증진시킨다.

셋째, 회계자료 흐름을 이해하게 하여 회계의 전산처리 과정을 학습하는데 활용하도록 지도한다.

넷째, 회계 원리에 대한 개인별 학습 진행 과정을 수시로 평가하여 개인별 학습의 성취도를 확인하고, 개인의 능력, 적성에 맞춰 수준별 지도 및 개별지도를 하도록 한다.

다섯째, 결과가 목표대로 달성하지 못한 경우 반복 학습하여 목표를 달성하고, 창의력, 분석력, 관찰력 및 기타 개인의 소질을 파악하여 진로지도에 활용하도록 지도한다.

여섯째, 회계교육의 기초과목이므로, 저학년에서 이수시키는 것이 바람직하다.

일곱째, 기장연습을 통해서 이해를 시키는 것이 효과적이므로, 학습단계에 의한 종합적인 기장연습을 계획하여 지도한다.

여덟째, '실용수학' 과목과 연계해서 계산능력이 향상되도록 유의하여 지도한다.

아홉째, 학습효과를 높이기 위해서 필요에 따라 능력별 편성에 의한 지도로 고려할 수 있다.

열 번째, 회계의 전산처리 과정을 통하여 실무능력을 기르도록 지도한다.

5. 평가방안

첫째, 기업경영과 관련한 회계 흐름을 이해하고, 기초적 회계처리 능력을 배양하는데 평가의 초점을 맞춘다.

둘째, 회계의 이해 정도와 성취도는 객관식 방법으로 평가하고, 결산 및 재무제표의 작성 능력은 주관식 평가방법을 병행한다.

셋째, 회계 원리와 관련한 자격증 취득 및 대·내외 수상 경력 등에 대해 수행평가의 가산점 제도를 적용하며, 사전에 기준을 예고한다.

넷째, 산업현장에서 사용하는 전산회계 프로그램의 활용 능력을 평가하며, 실행결과보다는 처리과정에 중점을 두고 평가한다.

다섯째, 평가의 내용은 기업경영과 관련한 회계 흐름을 이해하고, 기초적 회계처리 능력을 배양하는데 평가의 초점을 맞춘다.

여섯째, 평가는 지필평가, 실기평가, 관찰법, 서술형 평가, 토의와 면담, 질문지를 통한 평가 등을 활용한 평가를 실시하되, 학교의 실정과 여건, 학생의 개인별 특성과 수준을 고려하여 재구성하도록 한다.

6. 교과목 정보

상업계열 공통 필수과목으로서, 회계 전반에 관한 기본적 원리를 이해하여 회계 실무자로서의 기초능력을 배양할 수 있도록 구성된 기초이론 교과에 속하며, 회계정보과에서는 '기업회계', '원가회계', '세무회계', '회계실무' 과목의 선수과목으로 활용한다.

제2절 열린교육의 이론

1. 열린교육은 국가적 과제

교실수업이 변해야 교육개혁이 성공한다.

교실수업 개혁에 모든 정책수단과 행정역량을 집중해야 한다. 모두가 교실개혁이라는 한 가지 목표를 향해 송곳처럼 천착해 들어가야 한다. 그래야 교육개혁이 성공한다.

그래야만 우리나라가 산다. 한마디로 '재미있는 공부, 즐거운 교실, 머물고 싶은 학교'를 만들어 나가야 한다.

1) 열린교육의 개념

열린교육은 변화와 새로운 아이디어, 교육과정과 시간표, 공간사용, 그리고 교사와 학생, 학생과 학생간의 솔직하고 정직한 감정표현과 수업에서의 중요한 의사결정에 학생들의 참여를 개방해 놓은 교육방법이라고 할 수 있다.

열린교육은 교사가 전체 학생을 대상으로 가르치는 수업을 최소화하고 학생들은 자신들의 흥미와 능력에 따라 학습해 가며, 충분한 자료를 통하여 능동적으로 학습에 참여하고, 자신들 학습의 대부분을 스스로 주도해 가게 하는 교육환경이 특징이다.

2) 열린교육의 목표

열린교육은 능동적이고 창의적인 학생, 있는 그대로의 자신을 인정하는 정직한 학생, 자신의 소질과 적성을 최대한 개발하려는 적극적인 사람을 기르는데 그 목적이 있다.

3) 열린교육의 원리

(1) 자유의 원리

학습자가 원하는 것이면 무엇이나 허용하는 것이 아니라 자신이 선택한 것 중에서 교육적 활동만을 자유롭게 추구해 간다.

(2) 존중의 원리

① 학생들을 설득하고 이해시킬 수 있는 존재로 여기고 학생들의 감정을 진지하게 수용한다.

② 교사가 교육적이라 생각하지 않는 활동에 대하여 제한을 둘 수 있다.

(3) 환경의 원리

① 교사에게 학생들에 적합한 환경을 구성하도록 요구하는 원리이다.

② 교사는 다수의 학생들이 교실에서 교육적인 활동을 흥미롭게 하도록 환경을 구성해야 한다.

③ 학습 환경은 물리적 환경과 심리적 환경으로 구분될 수 있는데 심리적 환경에 더 무게를 두어야 한다.

(4) 개별화 · 개성화의 원리

① 학습자 개개인은 발달단계 뿐 아니라 흥미, 관심, 능력 등에 다양한 개인차가 있으므로 학습의 선택권을 주어야한다.

② 지도의 개별화는 다기능, 다진도, 다속도, 다자료를 수용하여 자기학습력을 강화시킬 수 있는 방법이다.

③ 수업과정에서 학습의 효율을 높이기 위해서는 학습자 변인을 분석하여 효과적인 교수방법을 적용해야 한다.

4) 열린 교육의 특징

(1) 개인차 존중의 프로그램 전개

① 다양성과 창조성을 추구하며 결과보다 과정을 중시한다.

② 학습력을 기르는 개별 학습지도에 주력한다.

③ 풍요로운 학습환경을 조성하여 체험적 활동을 유도한다.

④ 개인차를 존중하여 학생 중심의 다양한 프로그램을 전개한다.

(2) 학생은 학습의 주체자, 교사는 조력자, 안내자, 진단자이다.

① 학생은 자기선택으로 학습하는 주체자로서의 개성을 발휘한다.

② 학생은 적극적 참여자이고, 교사는 조력자, 안내자, 진단자이다.

③ 학생은 탄력적 집단에서 활동한다.

④ 교사는 교재준비와 학습 환경 조성에 힘쓴다.

⑤ 교사는 개별, 협력 학습을 수용한다.

(3) 시간운영의 유연성, 교육과정 재량권 확대

① 열린 공간을 유연성, 교육과정 재량권 확대

② 규칙형성과 시행에 학생의 능동적 참여

③ 시간운영의 유연성을 지니고 교육과정 재구성에 대한 재량권 확대

(4) 학부모와 함께하는 교육

① 학생, 교사, 학부모가 협력하고 참여하는 교육의 장 마련

② 도움 어머니, 명예교사, 봉사자 등 학부모와 자원인사 참여

5) 열린 교수 – 학습의 진행 단계

(1) 1단계 : 개별화 단계

학생의 학업능력 수준에 따라 수준별 학습 자료를 제공하고, 개별화 학습과 소집단 지도를 병행한다.

(2) 2단계 : 선택과제 제공

학생들이 관심과 흥미에 따라 과제를 선택할 수 있도록 다양한 선택 과제를 제공한다.

(3) 3단계 : 경험중심 학습

학생들이 결과로서의 지식만 받아들이지 않도록 실험, 실습, 조사, 탐구, 조작 등 지식의 획득과정을 직접 경험하는 학습을 한다.

(4) 4단계 : 단위 수업시간의 확대 및 재조정

개별화 학습과 자율적 선택 학습이 용이하도록 하기 위해 단위수업 시간을 40분, 80분, 오전 시간, 하루 종일 등으로 재조정한다.

(5) 5단계 : 교육과정의 재조정

학생의 관심과 흥미에 맞게 교육과정의 순서를 조정하고 교과간의 연계 및 통합, 주제 학습 등을 시도한다.

6) 열린학습의 여러 형태

(1) 열린 일제학습

① 교재와 단원의 특이성에 따라 일제학습시간에 일제, 개별, 조별식 형태의 혼합학습이 적용된다.

② 대표적인 학습활동 형태인 [러그 미팅]은 수업의 처음이나 끝 단계에서 학생들이 카펫이나 돗자리 등에 둘러앉아 학습 안내와 학습 진행 계획, 그리고 학습정리로서 반성평가를 하는 활동이 주를 이룬다.

단계	지 도 관 점	비 고
도입	· 지적으로 놀라게 제시 · 알고 있는 지식과 모순되는 정보로 제시 · 미완성 문제나 불필요한 조건 가미 · 의혹을 유발하는 자료 제시 · 학습의 필요성을 느끼도록 제시	학습동기 유발로 능동적 학습을 유도한다.
전개	· 모순 대립되는 사고장면 조성, 토론 · 사고를 유발시키는 발문 전개 · 문제해결에 필요한 단서 제공 · 핵심에 대한 간접·우회적 접근 · 다양한 의견도출에 의한 대립분열 유도 · 체험학습의 유도감각기관의 활용 지적, 혼란 유도 · 학습결과에 의문을 제기하여 지적 긍지에 몰아넣기	지적 혼란을 일으키고, 체험을 통한 문제해결의 즐거움을 느끼게 한다.
정리	· 일반성을 찾아 자기 말로 정리 · 학습한 내용 중점 글로 쓰기 · 결론 음미, 열린 끝맺음	

(2) 단수 교과 열린학습

어떤 한 교과학습에서 일정량의 학습내용을 정해진 시간 내에 학습하는 형태를 말하며, 독자적으로 문제와 맞서 그의 전 지식과 능력으로 사고하여 스스로 해결하는 개별학습과정에 역점을 둔 학습형태이다.

집단학습과 개별학습의 양 과정이 전・후에 연관된 수업과정이나 후자에 역점을 둔 방식으로 계통학습을 요구하는 수학교과와 기능학습을 요하는 음악, 체육 교과 등에 학습효과가 높다.

제3절 대단원의 학습지도 계획

1. 교재 및 단원

(1) 교재

교 재 명	고등학교 회계원리
발 행 인	도서출판 상문연구사
지 은 이	김 유 희

(2) 단원명

대 단 원	Ⅰ. 회계의 기초
중 단 원	2. 기업의 재무상태와 경영성과
소 단 원	(5) 결산과 마감
본 시	총계정원장의 마감

2. 단원의 개관

경제사회가 발달하지 못했던 시대에는 기록에 의하지 않고서도 인간의 기억만으로 계산에 대한 제반 사항을 어느 정도는 해결할 수 있었다. 그러나 오늘날과 같이 지식・정보화 사회의 발전과 더불어 경영 규모가 커지고 거래관계가 복잡해짐에 따라 계산에 대한 사항을 기억만으로는 한계가 있기 때문에 보다 체계적인 기록이 필요하게 되었다.

회계는 이러한 필요성에 따라 경제주체에 대한 경제적 사실과 그 변동사항을 일정한 방법에 따라 체계적으로 측정・기록하고, 전달하기 위한 장부기록에 대한 기장방법이다.

이 단원에서는 교육과정에서 제시하고 있는 바와 같이 회계의 기초개념과 기본원리를 이해하고 거래를 기록, 계산, 정리하여 재무제표를 작성하기까지의 방법 및 절차 등 일련의 과정을 체계적으로 학습한다.

3. 단원의 학습목표

첫째, 회계의 기초개념과 기본원리를 이해하고, 거래를 기록, 계산, 정리하여 재무제표를 작성하기까지의 방법 및 절차 등 일련의 과정을 체계적으로 익힌다.

둘째, 회계의 뜻과 목적을 이해한다.

셋째, 회계의 구분 및 순환과정에 이르기까지의 기초개념을 이해한다.

넷째, 기업의 이익이나 손실에 관한 개념과 흐름을 이해한다.

다섯째, 회계의 기본요소인 자산, 부채, 자본의 뜻과 상호관계를 이해한다.

여섯째, 대차대조표와 손익계산서의 관계를 이해한다.

일곱째, 부기상의 거래와 일반적인 거래의 차이점과 거래의 뜻을 이해한다.

여덟째, 분개의 뜻을 알고, 거래를 분개하여 분개장의 기장방법을 익힌다.

아홉째, 총계정원장을 마감하고, 대차대조표와 손익계산서를 작성하는 능력을 향상시킨다.

4. 단원의 내용 구성

지 도 내 용		소요 시간	지도상의 유의점
중 단 원	소 단 원		
1. 회계의 기본원리	(1) 회계의 뜻 (2) 회계의 목적 (3) 회계의 분류 (4) 회계의 발달 (5) 회계의 순환과정	1	· 회계의 뜻을 설명한다. · 기초와 기말의 뜻을 충분히 인식시킨다.
2. 기업의 재무상태와 경영성과	(1) 기업의 재무상태 (가) 자산 (나) 부채 (다) 자본 (라) 대차대조표	2	· 자산, 부채, 자본의 뜻과 그 관계를 설명한다. · 대차대조표의 작성방법, 즉 자산, 부채, 자본의 항목의 표시 위치를 충분히 지도한다.
2. 기업의 재무상태와 경영성과	(2) 기업의 경영성과 (가) 수익과 비용 (나) 순손익의 계산 (다) 손익계산서	2	· 수익과 비용의 뜻을 이해시키고, 예를 들어서 설명한다. · 순손익의 계산방법인 재산법과 손익법을 이해시킨다. · 손익계산서의 작성방법을 충분히 설명한다.

<table>
<tr><th colspan="2">지 도 내 용</th><th rowspan="2">소요
시간</th><th rowspan="2">지도상의 유의점</th></tr>
<tr><th>중 단 원</th><th>소 단 원</th></tr>
<tr><td>2. 기업의
재무상태와
경영성과</td><td>(3) 거래와 계정
(가) 거래의 뜻
(나) 거래요소와 결합관계
(다) 계정의 뜻과 계정과목
(라) 계정의 기입 방법
(마) 대차평균의 원리</td><td>3</td><td>· 거래요소의 결합관계를 이해시킨다.
· 거래의 8요소로 구성된 여러 가지 결합관계를 탐구하도록 한다.
· 복식부기 특유의 기록, 계산 형태로서의 계정과 기입방법을 익히도록 한다.
· 계정 기입방법으로써 대차대조표와 손익계산서 계정의 기입요령을 숙달하도록 한다.</td></tr>
<tr><td>2. 기업의
재무상태와
경영성과</td><td>(4) 분개와 전기
(가) 분개의 뜻
(나) 전기의 듯
(다) 분개장
(라) 총계정원장</td><td>3</td><td>· 분개와 전기의 방법을 완벽히 이해시킨다.
· 분개의 뜻과 분개법칙, 원장 전기의 모든 과정을 설명한다.</td></tr>
<tr><td>2. 기업의
재무상태와
경영성과</td><td>(5) 결산과 마감
(가) 시산표의 뜻과 종류
(나) 정산표의 뜻과 종류
(다) 정산표와 시산표의 관계
(라) 결산의 뜻과 결산 절차
(마) 총계정원장의 마감
(바) 분개장과 기타 장부의 마감
(사) 대차대조표와 손익계산서의 작성</td><td>9
본시</td><td>· 결산의 뜻과 절차를 충분히 설명한다.
· 시산표의 뜻과 종류, 대차평균의 원리에 의한 시산표의 작성방법을 이해시킨다.
· 정산표의 이용목적과 작성방법을 완벽하게 이해시킨다.
· 잔액시산표와 정산표의 관계를 등식으로 나타내고 설명한다.
· 잔액시산표와 손익계산서 및 대차대조표의 상호 관계를 그림으로 설명한다.
· 제 장부의 마감법과 재무제표의 작성법을 이해하고 숙달시킨다.
· 대차대조표의 작성방법을 충분히 지도한다.
· 손익계산서의 작성방법을 충분히 지도한다.
· 대차대조표와 손익계산서의 관계를 관찰하고, 각각의 특성과 작성목적을 파악하도록 한다.</td></tr>
</table>

제4절 단원의 지도계획 및 평가계획

단 원	중 단 원	소 단 원		소요 시간	지도 중점 사항
1.회계의 기초	2. 기업의 재무상태와 경영성과	(1)	시산표의 뜻과 종류	1	· 시산표의 종류와 작성법을 이해하게 한다.
		(2)	정산표의 뜻과 종류	1	· 정산표의 양식과 작성법을 숙지시킨다. · 8위식 정산표를 중심으로 정산표 작성법을 이해하고 숙달시킨다.
		(3)	정산표와 시산표의 관계	1	· 잔액시산표와 정산표의 관계를 등식으로 나타내고 설명한다. · 잔액시산표와 손익계산서 및 대차대조표의 상호 관계를 그림으로 설명한다.
		(4)	결산의 뜻과 결산 절차	1	· 결산의 뜻과 절차를 이해하게 한다. · 결산 절차 순서를 이해하게 한다.
		(5)	총계정원장의 마감	1	· 손익계산서에 속하는 계정인 수익, 비용계정의 마감하는 방법을 이용하게 하고, 장부기입방법을 숙달시킨다.
				1	· 대차대조표 계정인 자산, 부채, 자본계정의 마감을 영미식으로 하는 방법을 이해하게하고 숙달시킨다.

단 원	중 단 원	소 단 원		소요시간	지도 중점 사항
		(6)	분개장과 기타 장부의 마감	1	· 분개장에 결산분개와 분개장의 마감방법을 익히게 한다. · 분개장에 대체분개 및 개시분개를 하여 잔액의 이월을 알게 한다. · 각종 보조장부를 마감하고, 분개장이나 원장에 누락 여부를 대조 확인한다.
		(7)	대차대조표와 손익계산서의 작성	2	· 대차대조표와 손익계산서 작성하여 모든 결산을 마감하는 방법을 이해시킨다.

제5절 단원의 평가계획

첫째, 대단원을 학습한 후 국가기술자격검정시험 예상문제를 사용하여 평가한다.

둘째, 각각의 중단원 학습 후 소단원별로 주요 학습내용을 요약, 정리한 후 실습 및 형성평가문제를 작성 배부하여 평가한다.

셋째, 한 학기 이내에 2회의 수행평가를 실시한다.

제6절 본시 교수·학습 지도계획

<table>
<tr><td>학습 주제</td><td colspan="4">총계정원장(손익계산서 계정)의 마감</td></tr>
<tr><td>단원명</td><td colspan="2">Ⅰ. 회계의 기초
2. 기업의 재무상태와 경영성과
⑤ 총계정원장의 마감
가. 수익·비용 계정의 마감
나. 순손익을 자본금계정에 대체</td><td>차시</td><td>59</td></tr>
<tr><td>학습목표</td><td colspan="4">· 손익계산서 계정의 마감방법을 이해하고 기장할 수 있다.
· 당기순손익을 자본금 계정에 대체할 수 있다.</td></tr>
<tr><td>환경 및 자료</td><td>교사</td><td>·교과서 ·지도안
·실습일지 ·평가자료
·총계정원장 ·실습과제
·파워포인트 자료
·컴퓨터</td><td>학생</td><td>·교과서
·노트
·필기 및 계산용구</td></tr>
</table>

<table>
<tr><td rowspan="2">단계</td><td rowspan="2">단계별 학습내용</td><td colspan="2">교수·학습 계획</td><td rowspan="2">시량</td><td rowspan="2">지도상 유의점</td><td rowspan="2">학습 형태</td></tr>
<tr><td>교사활동</td><td>학생활동</td></tr>
<tr><td rowspan="3">도입</td><td>인사
교과범위
제시</td><td>– 슬라이드 1 제시
· 인사 및 출석 점검
· 학습 단원 제시</td><td>· 인사
· 학습 단원 인지</td><td rowspan="3">5</td><td>수업태도
확인</td><td>일제
학습</td></tr>
<tr><td>선수학습
확인</td><td>– 슬라이드 2 제시
▲ 학습 안내 설명
– 슬라이드 3 제시
▲ 전시 학습 상기
– 결산 뜻과 절차 설명
– 결산의 뜻 질문
– 슬라이드 4 제시
▲ 결산 절차 도표 제시</td><td>· 학습안내 경청
· 설명 경청
· 질문에 대한 답변
· 전시학습과 본시 학습단원을 비교하여 보고, 결산 본절차의 내용 숙지</td><td rowspan="2">동기유발
및
학습목표
확인

학습방법
및 절차
확인

파워포인트
활용</td><td rowspan="2">강의
및
문답식</td></tr>
<tr><td>동기유발
학습목표
제시</td><td>– 슬라이드 5 제시
▲ 학습목표 제시
– 장부마감 이유 질문
– 당기순이익 산출 공식 제시</td><td>· 학습목표 낭독 및 숙지
· 질문에 대한 답변
· 당기순이익 산출식 인지</td></tr>
</table>

단계	단계별 학습내용	교수 · 학습 계획		시량	지도상 유의점	학습 형태
		교사활동	학생활동			
전개	손익계산서 계정의 이론적 마감 절차	– 슬라이드 6 제시 · 원장 마감 절차 설명 · I/S 계정 마감 차 제시 · 학생용 실습일지 자료 배부	· 설명 경청 · 슬라이드 내용 확인 · 자료수령 및 문제 확인 · 스크린 내용 시선 집중 · 의문점에 대한 질문	30	수업 태도 확인	일제 학습
	수익계정의 이론적 마감	– 슬라이드 7 제시 ▲ 수익계정 마감 순서 제시 · 수익계정 마감 방법 설명	· 슬라이드 내용 확인 · 설명 경청		파워포인트 활용 흥미 유발	문답식
	실제사례 학습	▲ 현장실습 사례 제시 · 배부해 준 실습 자료 설명 · 직무 명시	· 설명 경청 · 각자 현장 실습 대비 실습업체의 직무에 대한 생각			
	상품매출이 익 계정의 마감	· 실습일지〈자료 1〉의 문제 1번 낭독 및 설명 · 대체분개 및 전기 설명 · 기입 요청 및 안내 – 슬라이드 8 제시 · 문제 1의 결과 확인 제시	· 설명 경청 · 문제지 확인 · 상품매출이익 계정 대체 · 대변에 80,000원 기입 확인 · 슬라이드 내용 확인 · 실습한 결과 확인		학습 태도 수시 점검	강의 및 실습
	수수료수익 계정의 마감	· 문제 2번 낭독 및 설명 · 대체분개 및 전기 설명 · 기입 요청 및 안내 – 슬라이드 9 제시 · 문제 2의 결과 확인 제시	· 설명 경청 · 수수료 수익계정의 대변 대체기입 및 확인 · 슬라이드 내용 확인 · 실습한 결과 확인		수업 진행 과정 수시 확인 파워포인트 활용	강의 및 실습
	손익계정 대체기입	· (물음 1)문제 낭독 및 설명 · 5월31일자로 마감 설명 · 손익계정 대체 분개 설명 · 손익계정 대체 기입 안내 – 슬라이드 10 제시 · (물음 1) 결과 확인 제시	· 설명 경청 · 상품매출이익, 수수료 수익계정 차변 기입 확인 · 슬라이드 내용 확인 · 실습한 결과 확인			

단계	단계별 학습내용	교수 · 학습 계획		시량	지도상 유의점	학습 형태
		교사활동	학생활동			
전개	비용계정의 이론적 마감	– 슬라이드 11 제시 ▲ 비용계정 마감 순서 제시 · 비용계정 마감 방법 설명 · 비용계정 대체 분개 질문	· 슬라이드 내용 집중 · 설명 경청 · 질문에 대한 답변		집중 지도 파워포인트 활용	강의 및 실습
	사례 실습 급여계정 마감	· 문제 3번 낭독 및 설명 – 슬라이드 12 제시 · 대체분개 및 전기 설명 · 기입 요청 및 안내 · 문제 3번 결과 확인 제시	· 설명 경청 · 슬라이드 내용 확인 · 급여계정 대변 기입 · 손익계정 차변 기입 · 실습한 결과 확인		파워포인트 활용	강의 및 실습
	사례 실습 광고선전비 계정의 마감	· 문제 4번 낭독 및 설명 – 슬라이드 12 제시 · 대체분개 및 전기 설명 · 기입 요청 및 안내 · 문제 4의 결과 확인 제시	· 설명 경청 · 슬라이드 내용 확인 · 광고선전비계정 대변 기입 · 손익계정 차변 기입 · 실습한 결과 확인		실습 진행 사항 확인 파워포인트 활용	강의 및 실습
	사례 실습 잡비계정 마감	· 문제 5번 낭독 및 설명 – 슬라이드 12 계속 · 대체분개 및 전기 설명 · 기입 요청 및 안내 · 문제 5의 결과 확인 제시	· 설명 경청 · 슬라이드 내용 확인 · 잡비계정 대변 기입 · 손익계정 차변 기입 · 실습한 결과 확인		실습 진행 사항 요인 파워포인트 활용	강의 및 실습
전개	사례 실습 이자비용계정의 마감	· 문제 6번 낭독 및 설명 – 슬라이드 12 계속 · 대체분개 및 전기 설명 · 기입 요청 및 안내 · 문제 6의 결과 확인 제시	· 설명 경청 · 슬라이드 내용 확인 · 이자비용계정 대변 기입 · 손익계정 차변 기입 · 실습한 결과 확인		실습진행 사항확인 파워포인트 활용	강의 및 실습
	집합손익 계정의 마감	– 슬라이드 13 제시 · 비용계정 기입 클릭 제시 · 비용계정 기입 후 잔액확인 · 손익계정에서 산출한 순이익 대체 분개 · 손익계정 내용 설명	· 슬라이드 내용 이해 · 실습한 결과 확인 · 손익계정 대변 잔액 확인 · 손익계정 대변 잔액, 자본금계정 대변 기입 · 손익계정의 잔액 이해	30	교과서 내용숙지 실습 진행 사항 확인	일제 학습

단계	단계별 학습내용	교수 · 학습 계획		시량	지도상 유의점	학습 형태
		교사활동	학생활동			
전개	순이익의 계산 및 대체	– 슬라이드 13 계속 · 당기순이익 금액 질문 · 산출한 당기순이익 대체기입 계정 질문 · (물음 2번) 결과 제시 확인	· 슬라이드 내용 이해 · 당기순이익 금액 답변 · 대체기입 계정 답변 · 실습한 결과 확인		파워포인트 활용	문답식 및 실습
	손익계정의 자본금 계정 대체	– 슬라이드 14 제시 · 당기순이익 회계 처리 설명 · 손익계정 잔액 설명 · 손익계정의 대변 잔액 자본금계정 대변 대체 기입	· 슬라이드 내용 이해 · 설명 경청 · 학습한 손익계정 대체분개와 대체기입 확인 · 손익계정 마감 확인		마감에 관한 대체 기입 인지	강의식
	손익계정의 자본금 계정 대체	– 슬라이드 15 제시 · 당기순손실 회계 처리 설명 · 손익계정 잔액 설명 · 손익계정의 차변 잔액 자본금계정 차변 대체 기입	· 슬라이드 내용 이해 · 설명 경청 · 학습한 손익계정 대체분개와 대체기입 확인 · 손익계정 마감 확인		순이익 대체 기입 인지	강의식
	확인 학습	– 슬라이드 16 제시 · 당기순이익 발생시 마감 절차 설명 · 손익 및 자본금계정의 마감	· 슬라이드 내용 이해 · 설명 경청 · 실습한 결과 확인		순손실 대체 기입 인지	강의식
	손익계정 대체 기입	·(물음 3)문제 낭독, 5월31일 손익계정 마감 절차 설명 – 슬라이드 16 계속 · 손익계정 마감, 대체분개, 대체기입설명 · 기입 요청 및 안내	· 슬라이드 내용 집중 · 설명 경청 · 질문에 대한 답변		집중 지도 파워포인트 활용	강의 및 실습

<table>
<tr><th rowspan="2">단계</th><th rowspan="2">단계별
학습내용</th><th colspan="2">교수 · 학습 계획</th><th rowspan="2">시량</th><th rowspan="2">지도상
유의점</th><th rowspan="2">학습
형태</th></tr>
<tr><th>교사활동</th><th>학생활동</th></tr>
<tr><td>정리</td><td>요약
및
학습정리</td><td>– 슬라이드 17 제시
· 학습정리 안내 및 설명
· 수익계정의 대체 분개 요령(클릭하여 제시)
· 비용계정의 대체 분개 요령(클릭하여 제시)
· 손익계정의 대체분개 요령(클릭하여 제시)
〈참고〉 결산분개:
손익계정과 자본금계정에 대체하는 분개이며, 분개장에 기록
· 집합손익계정의 기입요소에 대한 질문
· 당기순이익 발생시 자본금계정 기입질문
· 순이익의 대체 분개 방법</td><td>· 단원학습 정리 확인
▲ 수익에 속하는 계정
·(차변)수익계정X X X
(대변)손 익 X X X
▲ 비용에 속하는 계정
·(차변)손 익 X X X
(대변)비용계정X X X
▲ 결산분개
· 당기순이익 발생시
(차변)손 익X X X
(대변)자본금X X X

· 당기순손실 발생시
(차변)자본금 X X X
(대변)손 익 X X X

· 차변요소: 비용계정
· 대변요소: 수익계정
(대변)손 익 X X X

·자본금계정 대변 기입
(차변)손 익 X X X
(대변)자본금X X X</td><td>5</td><td>절차와
방법에
따른 지도

학습 단원
요약 정리

파워포인트
활용</td><td>강의
및
문답식</td></tr>
<tr><td>평가</td><td>실습문제
평가</td><td>· 〈자료2〉
평가문제지 배부
· 〈자료2〉
평가 실시
· 평가지 교환 및 정답풀이
–슬라이드 18–19제시
· 평가문제 풀이 정답 제시
· 평가결과 도달률 확인
· 학습목표 상기 및 설명</td><td>· 〈자료2〉
평가문제지 수령
· 분단별로 협력하여 과제 해결
· 슬라이드 내용 확인
· 단원평가문제 답 확인
· 단원학습목표 재확인
· 경청 및 보충 질문</td><td>10</td><td>학습 목표
관련 지도

부진아
지도

학습 목표
도달률
확인</td><td>분단학습 및
강의식</td></tr>
<tr><td colspan="2">차시 예고 및
과제 제시</td><td colspan="5">– 슬라이드 20 제시: 차시 예고(대차대조표 계정의 마감) 및 실습과제 부여
– 실습과제물(자료 3 실습과제) 제시 및 배부</td></tr>
</table>

핵심정리

- 상업에 관한 교과의 목표는 "상업 및 경영에 관한 기초 지식과 기술을 습득하여 자신에게 맞는 진로를 선택할 수 있고, 급변하는 정보화 사회에서 창의적으로 적응하여 자아를 실현하며, 나아가 국민 경제발전에 기여하려는 적극적인 태도를 가진다."이다.
- 열린교육은 변화와 새로운 아이디어, 교육과정과 시간표, 공간사용, 그리고 교사와 학생, 학생과 학생간의 솔직하고 정직한 감정표현과 수업에서의 중요한 의사결정에 학생들의 참여를 개방해 놓은 교육방법이라고 할 수 있다.
- 열린교육의 원리는 자유의 원리, 존중의 원리, 환경의 원리, 개별화의원리가 있다.
- 열린교육의 특징은 개인차 존중의 프로그램 전개, 학생은 학습의 주체자, 교사는 조력자, 안내자, 진단자이며, 시간운영의 유연성, 교육과정 재량권 확대, 학부모와 함께하는 교육 등이다.
- 열린 교수학습의 진행단계는 개별화 단계, 선택과제 제공, 경험중심학습, 단위 수업시간의 확대 및 재조정, 교육과정의 재조정 등으로 구성된다.
- 열린학습의 형태는 열린일제학습, 단수 교과 열린학습이 있다.

제9장
자기주도적 학습의 학습계획지도안

제 9 장
자기주도적 학습의 학습계획지도안

다음은 상업정보 교과목 중 자기주도적 학습능력 개발을 위한 회계원리 교수-학습계획지도안을 중심으로 상업계열 고등학교 교육과정, 교수-학습, 대단원의 학습지도 계획, 본시 교수-학습 지도계획, 요점정리, 형성평가 단계로 이루어지는 학습지도안에 대한 사례를 살펴보면 다음과 같다.

제 1 절 상업과 교육과정 분석

1. 회계원리과 교수 - 학습 계획안

단 원	총계정원장의 마감
일 시	20XX년 월 일 (월)
장 소	XX여자 상업 고등학교
대 상	제 2 학년 반 명
교 생	O O O

구분	교 육 과 정
구성 방침	이 교육과정이 추구하는 인간상을 구현하기 위한 구성방침은 다음과 같다. 가. 사회적 변화의 흐름을 주도할 수 있는 기본능력을 줄 수 있도록 교육과정을 구성한다. 나. 국민 기본 교육과정과 선택 중심 교육과정 체제를 도입한다. 다. 교육내용의 양과 수준을 적정화하고, 심도 있는 학습이 이루어지도록 수준별 교육과정을 도입한다. 라. 학생의 능력, 적성, 진로를 고려하여 교육내용과 방법을 다양화한다. 마. 교육과정 편성과 운영에 있어서 현장의 자율성을 확대한다.
내용 체계	교육과정 이수 후 산업현장에 근무하면서 고등 직업교육을 이수하거나 대학에 진학하여 보다 심화된 전공교육을 받을 수 있도록 연계성을 가지고 교육내용을 차별화하여 단계적 성취가 이루어지도록 하기 위하여 기초 이론교과의 실무기본교과, 실무심화교과로 구성하였다.
기초 이론 교과	실무 교과이수에 필요한 기초적인 원리를 중심으로 배우는 상업계열 필수교과로서 상업경제, 회계원리, 컴퓨터일반, 경영대요, 상업법규, 마케팅, 유통관리일반, 사무자동화일반 등이 이에 속한다.
실무 기본 교과	각론적인 성격의 실무 기초를 배우는 교과로서 실무 심화교과의 사전단계에 속하는 것이며, 기초 이론과 실습을 함께 하는 교과로서 기업회계, 세무회계, 원가회계, 무역업무, 자료처리, 컴퓨터그래픽 등이 이에 속한다.
실무 심화 교과	전공영역의 실습을 중심으로 구성된 교과로서 실무 기본 교과보다 심화된 내용으로 산업현장에서 필요로 하는 실무 중심 교과로서 상업계산 실무, 사무자동화 실무, 전자계산 실무, 관광경영 실무, 유통정보 실무, 문서실무, 경영실무, 비서실무 등이 이에 속한다.

2. 상업교과의 성격과 목표

1) 성격

상업계열 고등학교 상업 및 경영의 각 분야에 종사할 인재를 양성하는 직업 준비 교육기관이다.

상업교과는 직업인으로서 갖추어야 할 기초소양을 함양하고, 상업 및 경영의 각 분야에 대한 기초 지식과 기술을 습득하여 능력 있는 평생 직업인으로서의 태도를 갖출 수 있도록 교과내용을 구성한다.

상업교과의 내용은 교육과정 이수 후 산업현장에 근무하면서 고등 직업교육을 이수하거나 또는 대학에 진학하여 보다 심화된 전공교육을 받을 수 있도록 연계성을 가지고 교육내용을 차별화하여 단계적 성취도가 이루어지도록 교과내용이 구성된다.

상업교육의 환경은 상업계열 고등학교의 성격변화, 정보화 사회에서의 인력수요 증가 및 학생들의 진학률 증가 등으로 변하고 있으므로 변화에 적극적으로 대응하고 미래사회에 대비하기 위하여 전문 교과목을 과목 군별로 나누어 학과별 교과목의 전문성을 반영한다. 한편, 전문 교과목은 기초이론 교과, 실무기본 교과, 실무심화 교과의 세 영역으로 나누어 단계적 성취도와 전문 교과목간 연계성을 가지도록 구성한다.

기초이론 교과는 실무교과 이수에 필요한 기초적인 원리를 중심으로 배우는 교과이며, 실무기본 교과는 각론적인 성격의 실무기초를 배우는 교과로서 실무심화 교과의 사전단계에 속하는 것이며, 기초 이론과 실습을 함께 학습하는 교과이다. 실무심화 교과는 전공 영역 실습을 중심으로 구성된 교과로서, 실무기본 교과보다 심화된 내용으로 산업현장에서 필요로 하는 실무를 중심으로 구성한 교과이다.

따라서, 상업교과의 성격은 상업 및 경영의 각 분야에 관한 전문 교과 교육을 균형 있게 실시함으로서 세계화, 정보화 시대에 대처할 유능한 인재를 양성하는 데 중점을 둔다.

2) 목표

상업 및 경영에 관한 기초 지식과 기술을 습득하여 자신에게 맞는 진로를 선택할 수 있고, 급변하는 정보화 사회에서 창의적으로 적응하여 자아를 실현하며, 나아가 국민 경제발전에 기여하려는 적극적인 태도를 가진다.

첫째, 정보화 사회에 대한 폭넓은 이해와 소양을 지닌다.

둘째, 상업 및 경영의 각 분야에서 장래 우수한 직업인으로 활동하는데 필요한 기초 지식과 태도를 가진다.

셋째, 상업 및 경영의 각 분야에서 다른 국가의 기업과 교류를 통하여 국제협력을 도모하고, 국가 경제사회발전에 공헌하는 책임의식과 태도를 가진다.

3. 실태분석

1) 교육환경

20XX학년도 XX여자상업고등학교 교육계획서에 수록된 교육환경과 관련된 학교실태를 요약하면 다음과 같다.

첫째, 원거리 통학생이 약 80%가 넘어 자율학습과 동아리 활동의 제약이 따른다.

둘째, 낙후된 지역에 소재하여 학생들의 정서함양과 건전한 놀이 공간이 부족하다.

셋째, 가정의 열악한 경제사정으로 학습 도서 및 교구 지참율이 저조하다.

넷째, 결손가정 및 소녀가장의 비율이 높다.

다섯째, 인문계 고교 선호 경향으로 신입생의 학력이 저조하다.

여섯째, 70% 이상의 학생이 진학을 희망하고 있다.

2) 교육목표 및 학교경영관

(1) 교육목표

'바른 인성과 실력을 갖춘 창의적 세계시민 육성'

(2) 학교경영관

- 작은 일에 충성: 작은 것에서 큰 것을 보는 비전 실천
- 계속적인 이노베이션: 변화에 적응하는 혁신 마인드 함양
- 세계를 향한 열정: 우리의 살 길은 세계화 지향
- 더불어 사는 공동체 의식: 남과 함께 하며, 남과 다른 삶

(3) 경영목표

- 기초와 기본교육 강화
- 바른 인성교육 강화
- 창의적 지식 창조를 위한 교육
- 즐거운 학교·쾌적한 환경 조성

(4) 역점과제

- 1인 1자격증 이상 취득 활성화
- 사랑의 실천운동 전개
- e-Learning 지원 및 학력 향상
- 좋은 시 읽기의 생활화
- 비즈쿨 교육을 통한 창업 마인드 향상

3) 학습자 실태 조사 및 분석

(1) 설문조사 분석

① 조사 대상 : XX여자상업고등학교 1학년 X반 34명

② 조사 일자 : 20XX년 5월 17일(화)

③ 조사결과 분석

- 본교(XX여자상업고등학교)를 지원하게 된 동기는, 조사대상 34명 중 '성적이 부진해서' 20명(59%)으로 진학동기가 수동적이다.
- 대학 진학 희망자가 21명(62%)로 진학 희망자 비율이 높다.
- 원거리 통학자 수가 27명(79%)으로 통학시간이 많이 걸린다.
- 회계원리가 어렵다고 답한 학생들이 31명으로 압도적이다.
- 회계원리가 재미없다고 답한 학생들이 24명(71%)으로 학생들이 어려워한다.

(2) 성적분석

① 대상 : XX여자상업고등하교 1학년 X반 　　명

② 과목 : 회계원리

③ 시험 시기 : 20XX학년도 1학기 1차 지필고사

④ 성적 분포(100점 만점)

재 적	0-19	20-39	40-59	60-79	80-100	평균
34명	7	13	9	2	3	41.3

⑤ 분석

- 평균이 저조하고 성적이 중하위권에 밀집되어 있다.
- 80점 이상자 3명에게는 심화과제를 제공할 필요가 있다.
- 39점 이하인 20명은 보충과제를 제시하여 개별지도가 필요하다.

(3) 대책

① 전문계 고등학생의 대부분이 기초학력이 낮으므로 이들의 수준에 맞게 전문 교과교재를 재구성하여 지도한다.

② 회계원리에 대한 중요성을 알리고 관심을 가질 수 있는 방안을 강구한다.

③ 회계원리 교과지도 시 흥미 및 동기 유발에 관심을 가져야 하고, 교과내용을 쉽게 접근할 수 있는 자료를 개발한다.

④ 수준별 학습을 위한 개별지도에 관심을 기울인다.

4. 회계원리 교육과정 분석

1) 성격

상업계열 공통 필수과목으로 회계 전반에 대한 기본원리를 이해하여 회계 실무자로서의 기초능력을 배양할 수 있도록 구성된 기초 회계이론 교과에 속하며, 회계정보과에서는 '기업회계', '원가회계', '세무회계', '회계실무'과목의 선수 학습과목이다.

현대사회에서의 경제활동은 계수에 의해 파악되고 집계되어, 경제적인 의사결정을 위해 제공된다. 이러한 정보제공의 기능은 회계 활동에 의해 가능하게 되므로 회계에 대한 지식의 습득은 필수적이다. 회계에 대한 지식은 현대의 복잡하고 다양한 욕구 충족 및 합리적인 경제생활을 위해 그 필요성과 중요성이 매우 강조되고 있다. 이 과목은 기업의 경영활동을 기록, 계산, 정리, 측정, 보고하는 기초이론과 실무를 담고 있으며, 동시에 이해관계자들에게 의사결정에 유용한 회계정보를 제공하고, 일정 시점의 재무상태와 일정 기간의 경영성과를 명확히 밝히는 기본 원리와 기법을 소개한다.

회계원리 과목은 회계 전반의 기본적인 원리를 이해하게 하여 회계 실무자로서의 기초능력을 배양하는 동시에 한정된 경제적 자원을 효율적으로 배분할 수 있는 능력을 습득하는 교과목의 성격을 가진다. 또한. 상업계 고등학교 전문교과목의 기본 필수과목으로서 상업 및 경영 · 경제 활동에 종사하게 될 모든 전문계 고등하교 학생들의 일반교양 과목으로서의 성격도 지닌다. 특히, 회계정보과 학생들에게 실무 기본교과목과 실무 심화교과목을 이수하기 위한 기초 이론교과목으로서의 특성을 가지며, 경영정보과, 유통정보과, 정보처리과 등의 학생들에게는 기업경영과 관련한 회계의 순환과정과 역할을 전반적으로 이해시키기 위한 교과목으로 활용된다. 나아가 동일 및 유사 계열로 진학할 수 있도록 하는 계속교육을 위한 기본과목으로서의 성격을 가진다.

2) 목표

회계의 순환과정을 통하여 회계의 기본원리를 이해하고, 기업의 재무상태 및 경영성과에 관련된 회계처리 능력을 습득하며, 회계정보를 산출하기 위한 결산절차와 재무제표의 작성 능력을 기른다.

회계원리 과목은 정보화 사회에서 회계의 역할과 기능을 이해시키고, 정보 이용자가 효율적인 의사결정을 할 수 있도록 경제적인 정보를 식별하고 측정하여 전달할 수 있는 능력과 태도를 기르도록 해야 한다. 특히, 상품매매업을 경영하는 기업의 경제활동을 기록하고, 이를 통하여 유용한 회계정보를 획득할 수 있는 소양을 학생들에게 갖추게 함으로써 유능한 회계인력을 양성하는 데 목표를 두어야 한다.

그러므로 회계정보 생산에 기초가 되는 복식부기의 원리와 회계 거래에 대한 지식을 습득하여 각 거래유형별 회계처리 방법을 익히고, 동시에 회계의 전산화에 대한 인식을 올바르게 하여 정보화 사회에 적응할 수 있는 능력을 기를 수 있도록 지도해야 한다. 따라서 현대 산업사회에서 책임 있는 사회 일원으로서 역할을 다할 수 있도록 하는 데 목표를 두고 있다.

3) 회계원리 교과 내용 요소

대영역	중영역	내용 요소
회계의 기초	· 회계의 기본 원리	· 회계의 뜻과 목적
		· 거래
		· 계정
		· 분개와 전기
		· 시산표와 정산표
		· 결산
	· 기업의 재무상태와 경영성과	· 기업의 재무상태
		· 기업의 경영성과
자산, 부채, 자본의 회계	· 자산의 회계처리	· 유동자산의 뜻
		· 현금
		· 당좌 예금

대영역	중영역	내용 요소
자산, 부채, 자본의 회계	· 자산의 회계처리	· 단기 금융 상품
		· 단기 매매 증권
		· 상품
		· 매출 채권
		· 기타의 채권
		· 투자자산의 뜻과 종류
		· 투자자산의 회계 처리
		· 유형자산의 뜻과 종류
		· 유형자산의 회계 처리
		· 무형자산의 뜻과 종류
	· 부채의 회계처리	· 유동부채
		· 고정부채
	· 자본의 회계처리	· 개인기업의 자본금
		· 주식회사의 자본
수익과 비용의 회계 처리	· 수익의 뜻과 분류	· 수익의 뜻과 분류
	· 비용의 뜻과 분류	· 비용의 뜻과 분류
	· 매출액과 매출 원가	· 매출액
		· 매출 원가
	· 판매비와 관리비	· 판매비와 관리비
	· 영업 외 수익과 영업 외 비용	· 영업 외 수익
		· 영업 외 비용
	· 법인세 비용	· 법인세
결산과 재무제표	· 결산	· 시산표
		· 자산에 대한 결산정리
		· 부채에 대한 결산정리
		· 손익에 대한 결산정리
		· 정산표
		· 장부 마감

대영역	중영역	내용 요소
결산과 재무제표	· 당기순이익	· 개인기업의 당기 순손익
		· 주식회사의 당기 순손익
	· 재무제표	· 재무제표의 뜻과 종류
		· 손익계산서
		· 이익잉여금 처분계산서 또는 결손금처리계산서
		· 대차대조표
전표 회계와 회계자료의 전산 처리	· 전표회계	· 전표회계의 뜻과 종류
		· 전표의 작성방법
		· 전표의 집계와 원장 전기
	· 회계자료의 전산처리	· 회계 전산처리의 기초와 실제

4) 회계원리의 성취기준 개발

성취기준은 국가 교육과정상의 목표와 내용을 분석하여 이를 학생들이 성취해야 할 능력 또는 특성의 형태로 진술해 놓은 것이다. 따라서 성취기준은 각 교육과정의 목표와 내용을 보다 구체화한다.

[그림 9-1] 성취기준 개발 단계

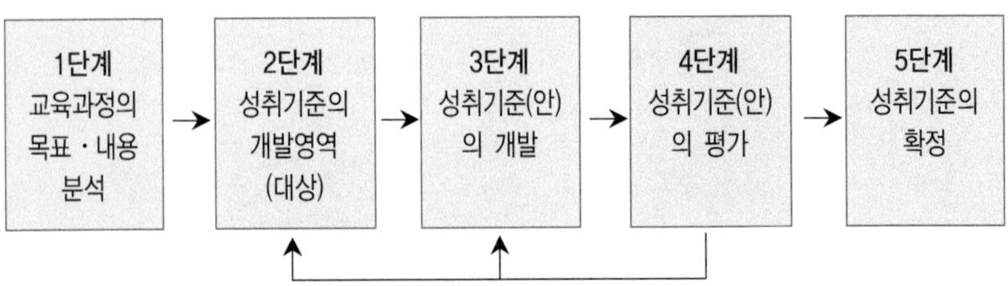

(1) 1단계 : 교육과정의 목표 및 내용 분석

성취기준 개발의 첫 단계는 현행 제7차 교육과정의 목표와 내용을 분석하고 해석하는 일이다. 국가수준의 교육과정에 기술되어 있는 과목별 목표와 내용 체계는 국가수준에서 합의된 것이라는 점에서 비교적 타당성과 객관성을 확보하고 있다.

교육과정의 목표 및 내용 분석을 위한 구체적인 절차는 다음과 같다.

첫째, 교육과정상에 제시된 과목의 성격을 분석하여 과목설정의 근거와 특성을 이해한다.

둘째, 교육과정상에 제시된 과목의 목표를 확인하고 명료화한다.

셋째, 과목의 목표를 분석하여 과목을 구성하고 있는 내용체계의 근거를 파악한다.

넷째, 교육과정의 내용체계를 전문 교과교육 목표에 근거하여 면밀히 분석한 뒤 성취기준 개발을 위한 기본 틀을 마련한다.

다섯째, 교육과정의 목표와 내용에 맞추어 성취기준의 내용을 어떠한 방향으로 개발하는 것이 적절한지를 고려하여 성취기준의 구성요소를 구성한다.

(2) 2단계 : 성취기준의 개발영역(대상) 설정

교육과정의 내용체계를 분석하여 성취기준을 개발할 영역을 설정하는 단계이다. 성취기준의 개발영역은 교수·학습 과정에 실질적인 지침이 되는 의미 있는 기준이어야 한다.

20ⅩⅩ학년도 대학수능시험 직업탐구영역 과목들의 성취기준 개발 대상은 중단원까지만 제시되어 있는 제7차 전문계 고등학교 전문교과 교육과정상의 특성을 반영하여 '중영역'수준에서 개발하여 제시하는 것이 타당하다.

(3) 3단계 : 성취기준(안)의 개발

설정된 영역에 따라 성취기준을 개발하는 단계, 성취기준의 상세화 정도와 성취기준의 수준 및 진술형태를 결정한다.

① 성취기준의 상세화 수준 결정

② 상·하급간 위계를 고려하여 수준 설정

③ 성취기준의 진술형태 결정

④ 성취기준의 활용방안 마련

(4) 4단계 : 성취기준의 평가

개발된 성취기준 초안을 교과 전문가 및 현장 교사들에게 평가를 의뢰하여 성취기준 개발의 영역과 성취기준안을 수정·보완한다.

(5) 5단계 : 성취기준의 확정

개발된 성취기준안을 다양한 방법으로 검토하여 타당성을 검증하고, 관련된 각종의견을 수렴하여 성취기준의 개발에 반영하여 실제 현장에서 활용하는 데 도움을 주는 국가수준의 성취기준이 갖는 최소한의 절차를 거쳐 확정한다. 수정·보완 작업을 통해 최종적인 성취기준을 완성한다.

5) 회계원리 과목의 평가방향

제7차 회계원리 과목 교육과정의 특징과 평가활동에서 지향해야 할 방향을 고려 시 다음의 4가지 측면에서 평가의 방향을 제시할 수 있다.

(1) 교육 목표와 평가의 일관성

회계원리 과목의 평가활동은 교수·학습 활동의 성과를 회계원리 과목의 본질에 비추어 점검하는 것으로, 학습의 시작이자 목표달성의 한 조건으로서의 의미를 지녀야 한다. 이런 의미에서 회계원리 과목의 평가는 교수・학습 과정을 통하여 달성하기를 기대하는 능력의 함양 정도를 측정하는 데에 초점을 맞추어야 한다. 이런 취지에서 실시되는 평가는 교수・학습 과정에서 학습자들이 어느 정도로 수업목표, 단원목표 교과목의 목표를 달성하는 데 성공하였는가를 측정하기 위한 방법으로서 활용되어야 한다.

(2) 교수・학습 과정과 평가의 유기적 관련성

교수・학습 과정과 연계된 평가활동은 일정 시점의 일회적인 학습결과만을 제시하는 소극적인 평가와는 달리 학생들이 무엇을 학습하였는가, 어떻게 학습하고 있으며, 어느 정도 향상되고 있는지를 알려 주어 학생들의 학습을 유도하고 수업의 방향을 제시할 수 있는 방향으로 전개해야 한다. 평가를 학습자의 학습향상 정도와 더불어 수업 진행에 관한 정보를 끊임없이 제공하는 활동으로 이해 시, 평가활동이 일어나는 시기는 단순히 진단, 형성, 종합으로 진행되는 단계별 평가가 아니라 시간과 공간을 넘나드는 다각적인 평가로 전환되어야 한다.

(3) 타당성 높은 평가

평가도구는 우선적으로 재고자 하는 것을 재고 있는가에 관련된 타당도, 재고자하는 것을 얼마나 정확하고 오차 없이 측정하고 있느냐에 관련된 신뢰도를 확보해야 한다. 채점자의 채점이 어느 정도 신뢰성이 있고 일관성이 있느냐와 관련하여 객관도의 보장은 매우 중요하다. 그리고 타당도란 한 개의 검사 혹은 평가도구가 측정하려고 의도하는 것을 어느 정도로 충실하게 측정하고 있느냐의 정도로 정의할 수 있다.

결국, 타당도란 무엇을 측정하고 있느냐, 측정하려는 것을 어느 정도로 충실하게 측정하고 있느냐의 문제이다. 교수·학습 과정을 거친 다음 학생에게 실시하는 검사가 타당한 평가도구가 되기 위해서는 가르치려고 했던 내용을 충실하게 측정하고 있어야 한다. 즉, 평가도구의 준거는 교육목표→교수·학습 과정→교재의 내용을 얼마나 잘 대표하고 충실하게 측정하느냐의 정도에 비례하여 타당도가 높아질 것이다.

(4) 평가의 공평성

교수·학습 과정에서 보여 주는 학습자들의 능력과 특성을 공평(equity)하게 평가해야 한다. 평가를 공정하게 한다는 것은 각 개인에 따라 차별적(differentiated) 평가가 가능함을 의미한다. 공평한 평가에서는 각 학생의 선수학습 정도, 학습양식, 흥미 등에 따라 평가의 개별화가 가능하며 평가방법과 평가범위, 수행과제, 시행절차, 채점방식 그리고 해석에 이르기까지 학습자들의 다양한 특성을 고려하여 실시해야 할 것이다. 즉, 공평한 평가란 학생들에게 지필 검사뿐만 아니라, 조사보고를 위한 프로젝트의 수행이나 서술 또는 토의주제를 선택할 수 있게 되며, 평가시간에 대한 융통성 허용, 평정점수부여 방식의 다양화 등 학습자 중심의 평가로의 전환을 의미한다.

제2절 자기주도적 학습이론

1. 자기주도적 학습의 개념

자기주도적 학습은 평생교육 분야에서 가장 빈번히 연구되는 주제인데, 놀즈(M.S. Knowles)는 자기주도적 학습을 "개인이 솔선수범하여 자신의 학습욕구를 진단하고, 학습목표를 정하고, 학습에 필요한 인적, 물적 자원을 탐색하고, 적절한 학습전략을 선택, 시행하고 학습결과를 평가하는 과정"으로 규정하였다. 즉, 전체적인 학습과정을 학습자가 자발적으로 이끌어 나가는 학습으로 학습경험을 계획하고, 시행하고, 평가하는 제 일차적인 책임을 학습자가 맡는 학습 과정이다.

자기주도적 학습과 비슷하게 사용되는 용어로는 자기교육(self education), 자습(self study), 독학(independent learning), 탐구 학습(inquiry learning) 등이 있다. 이러한 용어들은 공통적으로 자율, 독립심, 고립의 내용을 함축하고 있으며 자기주도적 학습자가 외부자원으로부터 최소한의 지원을 받으며 학습을 수행하는 고립적인 개인학습으로 개념화하기 쉽다.

다양한 학습 및 교수 전략과 방법을 포함하고 있는 자기주도적 학습의 정의가 학자들이 쓰는 용어와 이론적 견해에 따라 조금씩 달라지고는 있지만, 자기주도적 학습의 공통적인 특징은 학습의 주체가 학습자인 학생 스스로라는 점이다. 비록 학습활동이 교사나 학교의 도움을 받아 이루어 질지라도 학습자 자신이 목표를 설정하고 계획하여 실행하고 평가하는 제 일차적인 책임을 학습자가 진다는데 그 특징이 있는 것이다.

2. 자기주도적 학습의 필요성

첫째는 학습에 있어서 주도권을 가진 사람들은 가만히 앉아서 가르쳐 주기를 기대하는 사람들보다 더 많은 것을 학습하고 더 잘 배우게 된다는 것이다. 그들은 뚜렷한 목적의식과 동기를 가지고 학습에 임한다. 그들은 또한 수동적 학습자 보다 학습한 내용을 더 오래 파악하고 그것을 더 잘 활용하는 경향이 있다.

둘째는 자기주도적 학습은 자연적, 심리학적 발달과정이라는 것이다. 인간은 처음 모체에서 태어날 때는 의존적인 존재에 불과하다. 그러나 성숙해지면서 인간은 점차적으로 부모, 교사 및 다른 성인들의 통제로부터 독립해야 한다. 성숙의 본질은 자신의 삶에 대해 책임을 지는 능력을 개발하는 것, 즉 점차적으로 자기주도적 존재가 되는 것이다.

셋째는 교육에 있어서 새로운 발전 예컨대, 새로운 커리큘럼, 개방교실, 무학년제 학교, 학습 지원센터, 독학, 비전통적 학습 프로그램, 벽 없는 대학 등에서는 학습자가 그들 자신의 학습에 대해 많은 주도권을 가져야 한다는 무거운 책임을 지우고 있다. 자기주도적 탐구기술을 익히지 않고서 이러한 프로그램에 참여하는 학생들은 불안, 혼란, 실패를 경험하게 될 것이다.

넷째는 급속한 변화를 특징으로 하는 정보화 사회에서의 교육의 목표는 이미 알려진 내용을 전달하는 것이 아니고, 새로운 지식을 쉽고 효율적으로 습득할 수 있는 능력을 갖추어야 한다. 또한 미지의 세계에 적응하기 위해서는 학습을 생활 그 자체로 생각해야 하며, 교육은 청소년기의 학교교육 뿐 아니라 평생교육으로 규정지어져야 한다. 학교교육 이후의 학습은 급변하는 세계에서 적절하게 살아나가기 위해서 요구되는 지식, 기술, 이해력, 태도, 가치를 습득하는데 초점을 두어야 하기 때문이다.

3. 자기주도적 학습의 특징

토버트(Tovert, W. R.,1978)는 교수-학습과정에서 학습자의 개별성, 자기주도성을 높이는 교육적 여건 또는 환경의 필수적인 특성을 아래와 같이 다섯 가지로 밝히고 있다.

첫째, 학습자는 학습단계에서 교수자와 똑같은 모습으로 학습과정을 인식하지 않는다. 학습자 나름대로의 인식이 허용되어야 한다.

둘째, 학습결과와 학습과정이 통합되는 가운데 학습과제가 다양하게 선택기회로 제공되어야 한다.

셋째, 교수-학습의 과정에서 학습자의 책임이 더욱 더 증대되는 방향으로 모든 교과목의 수업구조가 계획적으로 변화되어야 한다.

넷째, 학습자는 자신의 학습과정의 모니터가 되어, 스스로 환류 받을 수 있는 환경이 조성되어야 한다.

다섯째, 교수자와 학습자는 공동으로 그들이 서로 가르치고 배우는 모든 교과의 본질과 기능에 대한 비판적 검토의 기회를 가져야 한다.

4. 자기주도적 학습의 모형

자기주도적 학습은 놀즈(M.S. Knowles)의 모형을 통하여 가장 분명하게 구체화되었다. 자기주도적 학습에 대한 놀즈의 5단계 모형은 아래 그림과 같다.

[그림 9-2] 자기주도적학습

학습욕구 진단 → 학습목표 설정 → 학습을 위한 인적 및 물적 자원파악 → 적절한 학습전략 선정 및 이행 → 학습 결과 평가

1) 학습욕구 진단

학습자들은 다양한 이유들을 가지고 학습활동에 참가한다. 따라서 교사는 학습자들이 느끼는 현재의 상태(What is)와 학습의 결과로 원하는 바람직한 상태(What should be) 사이의 차이를 확인시켜 주는 다양한 절차들을 사용할 수 있어야 한다. 이전의 유사한 학습과정에서의 평가들은 교육적 요구와 새로운 프로그램에 대한 아이디어를 얻는데 유용할 수 있다. 따라서 출발점 행동, 자기주도적 학습에 대한 일반적 능력수준, 학습자의 사전경험, 기대 등을 파악하기 위하여 대상 학습자들을 관찰하고 직접 만나서 그들과 면담을 하는 일은 대단히 중요하다.

2) 학습목표 설정

학습목표는 학습의 실행결과 학습자가 보여줄 수 있는 행동을 구체적으로 기술한 것이다. 이 목표는 자신의 요구분석을 통해 도출되는 것이다. 따라서 교사는 학습 초기에는 학습문제를 명확히 인식하도록 하는 것이 중요하다.

자기주도적 학습에서는 학습자의 요구나 능력에 따라 학습목표가 다양하다. 따라서 교사는 다양한 목표를 가진 학습자들의 요구에 맞도록 다양한 과정과 절차를 사용할 수 있어야 한다.

3) 학습을 위한 인적 및 물적 자원 파악

자기주도적 학습 과제를 계획하고 수행하는데 도움이 되는 유용한 자원을 찾아내는 일은 스스로 학습하는데 있어서 매우 중요하다. 자기주도적 학습은 학습을 고립화시키는 것이 아니라 교사, 지도자, 자원인사, 동료, 교재, 교육기관 등 다양한 형태의 조력자들과의 협력 하에 이루어지는 학습활동이기 때문이다. 이러한 자원은 인적 자원(전문가 및 친구 등), 비인간적 자원(서적, 잡지, 컴퓨터 프로그램 등), 집단자원(취미클럽·자원 집단) 등 세 가지 주요 범주로 구분하는 것이 보통이다.

4) 적절한 학습전략 선정 및 이행

학습에 참여하는 학습자는 흥미, 취미, 사회적 경험, 사회경제적 배경 등이 서로 다를 수밖에 없다. 이와 같은 학습자의 이질적 성격은 학습요구에 반영되고 이러한 요구에 따라 다양한 학습방법이 채택되어 학습활동에 활용되어야 한다.

5) 학습결과 평가

자기주도적 학습은 학습자 자신이 자신의 학습 전체의 기획, 실행 및 평가 등에 대해 일차적인 책임을 지는 것이 그 특징이다. 따라서 학습결과에 대한 학습자의 자기평가가 중시된다.

그러나 자기주도적 학습의 성공, 질 및 효율성에 대한 자기보고적 평가에만 의존하는 것은 객관성 확보에 문제가 있다. 학습자들은 그들의 학습노력에 대해서 외부적 평가보다 높은 효율성과 질적 정도를 주장할 것으로 여겨지기 때문이다. 따라서 학습결과의 효율성과 질적 정도를 중시하면서도 평가의 객관성을 확보할 다양한 방안들이 계획단계에서 논의되어야 할 것이다.

제3절 회계원리 교과 교육활동 계획

1. 연간 교육활동 계획

1) 교재 : 고등학교 회계원리 저자 김윤희(상문연구사)
2) 대상 학년 : 1학년
3) 이수 단위 : 3단위(102시간)
4) 연간 학습지도 계획

<table>
<tr><th>대단원</th><th>중단원</th><th>학습 요소</th><th colspan="2">시간</th></tr>
<tr><td rowspan="2">Ⅰ. 회계의 기초</td><td>1. 회계의 기본 원리</td><td>· 회계에 대한 이해</td><td>6</td><td rowspan="2">18</td></tr>
<tr><td>2. 기업의 재무상태와 경영성과</td><td>· 거래에 대한 이해
· 계정과목의 선택
· 분개요령 숙지</td><td>12</td></tr>
<tr><td rowspan="3">Ⅱ. 자산, 부채, 자본의 회계 처리</td><td>1. 자산의 회계 처리</td><td>· 자산에 대한 이해
· 현금성자산에 대한 이해
· 유가증권 이해
· 매출채권 이해
· 재고자산 이해
· 투자자산 이해
· 유형자산과 무형자산의 이해</td><td>18</td><td rowspan="3">30</td></tr>
<tr><td>2. 부채의 회계 처리</td><td>· 부채에 대한 이해 및 구분</td><td>6</td></tr>
<tr><td>3. 자본의 회계 처리</td><td>· 자본에 대한 이해 및 구분</td><td>6</td></tr>
</table>

대단원	중단원	학습 요소	시간	
Ⅲ. 수익과 비용의 회계 처리	1. 수익, 비용의 뜻과 분류	·수익과 비용에 관한 이해 및 구분	4	16
	2. 영업상의 수익과 영업상의 비용	·영업수익과 영업비용의 구분과 계정과목의 선택	4	
	3. 영업외 수익과 영업외 비용	·영업외 수익과 영업외 비용의 구분과 계정과목의 선택	4	
	4. 법인세 비용 및 손익의 구분 계산	·법인세 비용의 산출과 손익의 산출	4	
Ⅳ. 결산과 재무제표	1. 결산	·결산절차 이해	6	24
	2. 당기순이익	·당기순이익의 산출과정	8	
	3. 재무제표	·결산 재무제표의 작성과 작성된 재무제표의 이해	10	
Ⅴ. 전표회계와 회계 자료의 전산 처리	1. 전표회계	·전표의 작성 및 이해	4	14
	2. 회계자료의 전산 처리	·전산회계 프로그램에 의한 거래 입력, 자료 출력	10	

2. 대단원 학습지도 계획

1) 단원명 : Ⅰ. 회계의 기초

2) 대단원 학습 목표

첫째, 회계의 기초개념을 이해한다.

둘째, 복식회계의 기본 원리와 구조를 이해한다.

셋째, 기업의 재무상태와 경영성과를 이해할 수 있다.

3) 대단원 지도 계획

중단원	소단원	지도내용	소요 시간	지도상의 유의점
1. 회계의 기본원리 (6시간)	(1) 회계의 뜻	· 자산의 뜻	1	· 자산의 종류는 계정과목과 연관되게 한다.
	(2) 회계의 목적	· 회계의 목적	1	· 기업의 경영성과와 재무상태를 파악하는데 있다.
	(3) 회계의 분류	· 영리회계와 비영리회계 · 단식회계와 복식회계	1	· 기업은 영리회계로 복식회계 처리한다는 점 강조.
	(4) 회계의 발달	· 회계의 발달	1	· 15세기 말 복식부기 기장방법 소개.
	(5) 회계의 순환과정	· 회계의 순환과 기간 · 학습문제	2	· 회계연도와 캘린더 연도와의 차이
2. 기업의 재무 상태와 경영성과 (12시간)	(1) 기업의 재무상태	· 자산, 부채, 자본 · 대차대조표	1	· 기업의 재무상태를 나타낸 것을 대차대조표라 한다.
	(2) 기업의 경영성과	· 수익과 비용 · 순손익의 계산 · 손익계산서	1	· 기업의 경영성과를 나타낸 것을 손익계산서라 한다.
	(3) 거래와 계정	· 거래의 뜻 · 거래 요소와 결합 관계 · 거래의 뜻과 계정 과목 · 계정의 기입 방법 · 대차 평균의 원리	2	· 거래요소와 결합관계는 반드시 숙지한다. · 대차평균의 원리는 복식부기의 기본원리이다.
	(4) 분개와 전기	· 분개와 분개장 전기의 뜻 · 총계정 원장	1	· 실습을 통해 분개장 및 원장의 관계를 이해한다.
	(5) 결산과 마감	· 시산표의 뜻과 종류 · 정산표의 뜻과 종류 · 정산표와 시산표의 관계 · 결산의 뜻과 결산절차 · 총계정 원장의 마감 · 분개장과 기타 장부 마감 · 대차대조표와 손익계산서 마감	7	· 실습문제를 반복하여 시산표와 정산표를 작성할 수 있다. · 결산절차를 익힌다. · 총계정 원장을 마감하고 이월시산표, 대차대조표 및 손익계산서를 작성할 수 있다.

3. 소단원 학습지도 계획

1) 소단원명 : (5) 결산과 마감

2) 소단원 학습 목표

첫째, 시산표의 뜻을 알고 작성할 수 있다.
둘째, 정산표의 뜻을 알고 작성할 수 있다.
셋째, 결산절차를 이해할 수 있다.
넷째, 총계정 원장을 마감할 수 있다.
다섯째, 분개장과 기타 장부를 마감할 수 있다.
여섯째, 대차대조표와 손익계산서를 작성할 수 있다.

3) 소단원 학습지도 계획

소단원명	지도내용	지도상의 유의점	교과서 페이지	소요 시간
(5) 결산과 마감 (7시간)	① 시산표의 뜻과 종류	· 시산표 등식 암기 · 시산표의 종류 – 합계, 잔액, 합계 · 잔액 시산표 실습	31–33	1
	② 정산표의 뜻과 종류	· 정산표의 뜻 강조 · 6위식 정산표 실습	33–34	1
	③ 시산표와 정산표의 관계	· 잔액시산표에서 손익계산서와 대차대조표의 관계 설명	34–35	0.5
	④ 결산의 뜻과 결산절차	· 결산의 뜻과 결산절차(예비 절차, 본 절차, 결산 보고서)	35	0.5
	⑤ 총계정 원장의 마감	· 수익과 비용계정은 손익계정에 대체하고 자산, 부채 및 자본은 차기이월이라 주기하여 이월시산표 작성 · 순손익을 자본금계정에 대체	35–40	2

소단원명	지도내용	지도상의 유의점	교과서 페이지	소요 시간
	⑥ 분개장과 기타 장부의 마감	· 결산 분개 전에 차변과 대변 금액을 각각 합계하여 마감하고, 결산 분개와 다시 마감한다는 점 강조	40	1
	⑦ 대차대조표와 손익계산서의 작성	· 제시된 문제와 관련해서 대차대조표와 손익계산서의 작성 실습 · 학습문제 3, 4번 문제 실습하여 재무제표 작성 능력 신장	41	1

제4절 본시 교수-학습 계획

1. 본시 학습단원

Ⅰ. 회계의 기초

2. 기업의 재무상태와 경영성과 (5) 결산과 마감

⑤ 총계정 원장의 마감 (pp. 35-38)(4/7)

수익과 비용계정의 마감과 순손익의 자본금 계정 대체

2. 교수-학습 대상

1) 학교 : ＸＸ여자상업고등학교

2) 학반 : 제 1학년 Ｘ반

3. 학습자료

1) 교사 : 교과서, 교수-학습 계획안, 그림 자료, 컴퓨터, 칠판
2) 학생 : 교과서, 공책, 필기구, 학습지

4. 본시 학습목표

1) 수익과 비용계정을 마감할 수 있다.
2) 순손익을 자본금계정 대체할 수 있다.

5. 단원설정 이유

결산은 예비절차, 본 절차 및 결산 보고서 작성 순으로 이루어진다. 총계정 원장마감은 결산 본 절차에서 가장 중요한 부분이다. 총계정 원장 마감 후 결산보고서, 즉 재무제표를 작성하므로 총계정 원장 마감의 이해는 결산을 이해하고 재무제표를 작성하는 기초실무를 익힐 수 있다.

6. 본시 학습평가의 주안점

1) 수익과 비용 계정을 마감하고 대체 분개할 수 있는가?
2) 순손익을 자본금계정에 대체할 수 있는가?

7. 본시 학습 체계

[그림 9-3] 본시 학습체계

계획단계

- ▶ 학습교재 점검
- ▶ 학습지도안 작성
- ▶ 학습자료 개발
- ▶ 학습도구 준비 및 점검
- ▶ 학습자 분석

↓

도입단계

선수학습 이해 및 학습목표인지

- ▶ 전시학습 상기
- ▶ 학습동기 유발
- ▶ 학습목표 제시
- ▶ 학습내용 제시

↓

전개단계

문제탐색 및 해결능력 함양

- ▶ 그림 자료로 마감절차 설명
- ▶ 실습문제1 따라 하기를 통한 이해력 향상
- ▶ 실습문제1, 3을 통한 자기주도적 해결 능력 향상
- ▶ 협동적 해결능력 함양

↓

정리 및 평가

본시내용 숙지 및 형성평가 실시

- ▶ 본시학습 정리
- ▶ 형성평가 실시 및 성취도 확인
- ▶ 차시 예고

8. 본시 교수-학습 활동의 실제

1) 본시 학습내용

〈용어 정리〉 p. 36

- 손익계정 – 수익과 비용계정의 잔액을 집계한 계정(집합손익계정)
- 대체 – 한 계정에서 다른 계정으로 옮겨 적는 것

〈원장 마감 절차〉

① 모든 수익계정 잔액을 손익계정 대변에 대체한다.
예) (차) 상품매출이익 XXX (대) 손익 XXX

② 모든 비용계정 잔액을 손익계정 차변에 대체한다.
예) (차) 손익 XXX (대) 광고선전비 XXX

③ 손익계정에서 순손익을 자본금계정에 대체한다.
예) 순이익 발생 (차) 손익 XXX (대) 자본금 XXX
순손실 발생 (차) 자본금 XXX (대) 손익 XXX

④ 모든 자산계정 잔액(차기이월)을 이월시산표 차변에 옮긴다.
⑤ 모든 부채계정의 잔액을 이월시산표 대변에 옮긴다.
⑥ 자본계정의 잔액을 이월시산표 대변에 옮긴다.

〈실습문제 1〉 따라 하기 - 교과서 p. 26의 거래

다음 거래를 분개하고 총계정원장에 기장하고 비용과 수익에 관한 계정은 마감(3/31)하고 순손익을 자본금 계정에 대체하시오.

3/2 현금 1,500,000원을 출자하여 영업을 시작하다.
3/9 고려상사로부터 상품 600,000원을 외상으로 매입하다.
3/13 광고선전비 40,000원을 현금으로 지급하다.
3/18 동해상사에 원가 400,000원의 상품을 600,000원에 외상으로 매출하다.
3/23 고려상사의 외상매입금 300,000원을 현금으로 지급하다.
3/30 종업원 급료 60,000원을 현금으로 지급하다.

〈분개〉

일자	차변	금액	대변	금액
3/2	현　　금	1,500,000	자 본 금	1,500,000
3/9	상　　품	600,000	외상매입금	600,000
3/13	광고선전비	40,000	현　　금	40,000
3/18	외상매출금	600,000	상　　품 상품매출이익	400,000 200,000
3/23	외상매입금	300,000	현　　금	300,000
3/30	급　　료	60,000	현　　금	60,000

(1) 현금

차변	대변
3/2 자본금 1,500,000	3/13 광고선전비 40,000 3/23 현　　금 300,000 3/30 급　　료 60,000

(2) 상품

차변	대변
3/9 외상매입금 600,000	3/18 외상매출금 400,000

(3) 외상매출금

차변	대변
3/18 제좌 600,000	

(4) 외상매입금

차변	대변
3/23 현금 300,000	3/9 상품 600,000

(5) 자본금

차변	대변
	3/2 현금 1,500,000
	3/31 손익 100,000

(6) 광고선전비

차변	대변
3/13 현금 40,000	3/31 손익 40,000

(7) 급료

차변	대변
3/30 현금 60,000	3/31 손익 60,000

(8) 상품매출이익

차변	대변
3/31 손익 200,000	3/18 외상매출금 200,000

〈 수익계정 잔액을 손익계정에 대체 분개 〉

(차) 상품매출이익 200,000 (대) 손익 200,000

〈 비용계정 잔액을 손익계정에 대체 분개 〉

(차) 손익 100,000 (대) 광고선전비 40,000
급료 60,000

〈 손익계정의 대변 잔액, 즉 순이익을 자본금 계정에 대체 〉

(차) 손익 100,000 (대) 자본금 100,000

손 익 (9)

차변		대변	
3/31 광고선전비	40,000	3/31 상품매출이익	200,000
〃 급 료	60,000		
3/31 자 본 금	100,000		
	200,000		200,000

〈실습문제 2〉

다음은 XX상사의 총계정원장 중 수익과 비용에 관한 계정이다. 손익계정에 대체하는 분개를 하고, 각 계정을 마감(12/31)하고 순손익을 자본금 계정에 대체하시오.

(11) 상품매출이익

차변	대변
	280,000

(12) 이자수익

차변	대변
	14,000

(13) 급 료

차변	대변
140,00	

(14) 광고선전비

차변	대변
40,000	

(15) 보 험 료

차변	대변
20,000	

(16) 잡 비

차변	대변
10,000	

(17) 자 본 금

차변	대변
	1,800,000

(18) 손 익

차변	대변

〈 대체분개 〉

구분	차변	금액	대변	금액
수익계정 대체분개				
비용계정 대체분개				
순손익의 자본금 계정 대체				

〈실습문제 3〉

대한상사의 3월 중 수익과 비용에 관한 자료는 다음과 같다. 물음에 답하시오.

상품매출이익 ₩1,000,000	이자수익 ₩200,000	급료 ₩900,000
임차료 ₩ 250,000	광고선전비 ₩100,000	수수료비용 ₩ 30,000

(1) 당기순손익은?

(2) 당기순손익을 자본금계정에 대해 분개하시오.

(차) (대)

2) 본시학습 과정안

<table>
<tr><th rowspan="2">단계</th><th rowspan="2">학습내용</th><th colspan="2">교수-학습 내용</th><th rowspan="2">시량</th><th rowspan="2">지도상 유의점</th><th rowspan="2">학습
형태</th></tr>
<tr><th>교사</th><th>학생</th></tr>
<tr><td rowspan="5">도입
(7분)</td><td>▶인사 및 출석 점검</td><td>· 인사 및 출석점검
· 수업자 소개</td><td>· 인사 및 출석 확인</td><td>1분</td><td>· 수업준비상태 확인</td><td>문답</td></tr>
<tr><td>▶전시학습 확인</td><td>· 전시학습내용 질문
· 결산 절차 질문
· 결산은 1년에 1회 이상, 기중에 하는 것은? 질문</td><td>· 전시학습내용 대답
· 결살절차 대답
· 가결산이라 대답</td><td>2분</td><td>· 학생을 지명하여 교과서 p. 35 결산의 절차를 소리로 읽는다.
· 교사는 내용 요약설명</td><td>토의</td></tr>
<tr><td>▶동기유발</td><td>· 컴퓨터화면으로 그림을 제시한다.</td><td>· 화면을 보고 상상한다.</td><td>2분</td><td>· 학생을 지명하여 이 그림의 핵심이 무엇인지 질문한다.</td><td>문답</td></tr>
<tr><td>▶학습목표 제시</td><td>· 컴퓨터 화면으로 학습목표 제시</td><td>· 학습목표를 따라 읽는다.</td><td>1분</td><td>· 학습목표를 선창하고 따라 읽는다.</td><td>문답</td></tr>
<tr><td>▶학습내용 제시</td><td>· 컴퓨터 화면으로 학습 내용 제시</td><td>· 화면의 학습내용 확인</td><td>1분</td><td>· 학습내용과 순서를 제시한다.</td><td>강의</td></tr>
<tr><td rowspan="4">전개
(36분)</td><td>▶총계정원장 마감절차</td><td>· 용어 정리(p. 36의 손익계정과 대체)
· 그림 자료를 제시하고 설명</td><td>· p. 36의 대체와 집합손익에 밑줄친다.
· 그림을 보면서 마감절차 확인</td><td>6분</td><td>④⑤⑥의 절차는 차시 학습내용인 점 확인</td><td>강의</td></tr>
<tr><td>▶실습문제1 (따라하기)</td><td>· 실습문제1 제시
· 거래 내용 읽는다.
· 학생을 지명하여 날자별로 분개하고 전기한다.(판서)
· 손익계정에 대체 분개한다.
· 순손익을 자본금계정에 대체한다.
· 그림 자료 확인</td><td>· 실습문제1 확인
· 거래 내용 확인
· 지명된 학생은 분개를 답하고 판서내용을 따라한다.
· 손익계정에 대체분개를 따라한다.
· 순손익을 자본금계정에 대체하기를 따라한다.</td><td>15분</td><td>· 교과서 p. 26의 거래에서 금액만 약간 수정한 점 확인
· 분개와 전기를 하면서 거래 8요소와 관련해서 회계원리를 이해하게 한다.
· 순이익은 자본금의 증가, 순손실은 자본금의 감소 강조</td><td>문답
실습</td></tr>
<tr><td>▶실습문제2 (자기주도적 학습)</td><td>· 실습문제2 제시
· 실습1과 다른 점은 날짜 없는 점 제시
· 실습1을 참고로 스스로 풀게 한다.
· 순회지도, 결과 화면 제시 · 실습문제3 제시
· 실습3을 참고로 스스로 풀게 한다.
· 순회지도, 정답 제시</td><td>· 실습문제2 확인
· 실습1과 다른 점은 날짜 없는 점 확인
· 자기주도적 학습을 통한 문제 풀이
· 질문
· 화면과 대조 확인</td><td>10분</td><td>· 자기주도적학습유도
· 문제 제시 후 순회지도 및 질문 받음
· 먼저 푼 학생은 실습문제3 풀이 유도.</td><td>개별
학습</td></tr>
<tr><td>▶실습문제3 (자기주도적 학습)</td><td>· 실습문제3 제시 실습3을 참고로 스스로 풀게 한다.
· 순회지도, 정답 제시</td><td>· 실습문제3 확인
· 자기주도적학습을 통한 문제 풀이
· 질문, 정답 확인</td><td>5분</td><td>· p. 43의 4번 이용
· 당기순손실이 발생한다는 점이 1번, 2번 문제와 다르다는 점 강도</td><td>개별
학습</td></tr>
</table>

<table>
<tr><th rowspan="2">단계</th><th rowspan="2">학습 내용</th><th colspan="2">교수-학습 내용</th><th rowspan="2">시량</th><th rowspan="2">지도상 유의점</th><th rowspan="2">학습 형태</th></tr>
<tr><th>교사</th><th>학생</th></tr>
<tr><td rowspan="3">정리
(7분)</td><td>▶학습 내용 요약</td><td colspan="2">수익계정 잔액 손익계정 대체
(차) 상품매출이익 XXX / 임대료 XXX   (대) 손익 XXX
비용계정 잔액 손익계정 대체
(차) 손익 XXX   (대) 임차료 XXX / 급료 XXX / 광고비 XXX
순이익의 자본금계정 대체
(차) 손익 XXX   (대) 자본금 XXX</td><td>2분</td><td>· 수익과 비용계정이 여러 개인 경우 모아서 분개한다(집합손익계정)는 점 확인</td><td>강의</td></tr>
<tr><td>▶형성 평가</td><td>· 형성평가 배부
· 수회지도
· 형성평가 정답 제시
· 성취도 확인</td><td>· 형성평가 배부
· 질의, 응답
· 형성평가 정답확인
· 형성평가 결과 확인</td><td>4분</td><td>· 형성평가 후 반드시 성취도 확인(정담자 수 확인)</td><td>개별 학습</td></tr>
<tr><td>▶파시 예고</td><td>· 총계정원장 마감의 자산, 부채 및 자본계정 마감과 이월시산표 작성 예고</td><td>· 차시학습 확인(교과서 pp. 38~49)내용확인</td><td>1분</td><td>· 교과서 pp. 38-40 의 내용을 보면서 확인 후 이월시산표에 대해 간략히 언급한다.</td><td>강의</td></tr>
</table>

형성평가	X X 여자상업고등학교	1 학년 반	번	성명:

1. 다음 중 수익에 속하는 계정은?

① 미지급금	② 광고선전비	③ 임차료	④ 상품매출이익	⑤ 외상매입금

2. 당기순이익이 ₩550,000이다. 결산일에 자본금계정에 대체하는 분개로 올바른 것은?

	차 변	금 액	대 변	금 액
①	자 본 금	550,000	손 익	550,000
②	손 익	550,000	자 본 금	550,000
③	자 본 금	550,000	상품매출이익	550,000
④	인 출 금	550,000	자 본 금	550,000
⑤	자 본 금	550,000	상품매출이익	550,000

3. 다음 수익과 비용에 관한 계정을 보고 손익계정에 대체분개하고 마감한 후 당기순손익을 자본금계정에 대체하시오.

(11) 상품매출이익

	250,000

(12) 임 차 료

50,000	

(13) 보 험 료

30,000	

(14) 광고선전비

70,000	

(15) 자 본 금

	3,500,000	

구분		차변	금액	대변	금액
(1)	수익계정 대체분개				
(2)	비용계정 대체분개				
(3)	순손익의 자본금 계정 대체				

핵심정리

- 상업교과의 성격은 직업인으로서 갖추어야 할 기초소양을 함양하고, 상업 및 경영의 각 분야에 대한 기초 지식과 기술을 습득하여 능력 있는 평생 직업인으로서의 태도를 갖출 수 있도록 교과내용을 구성한다.
- 상업교과의 목표는 첫째, 정보화 사회에 대한 폭넓은 이해와 소양을 지닌다. 둘째, 상업 및 경영의 각 분야에서 장래 우수한 직업인으로 활동하는 데 필요한 기초 지식과 태도를 가진다. 셋째, 상업 및 경영의 각 분야에서 다른 국가의 기업과 교류를 통하여 국제협력을 도모하고, 국가 경제사회 발전에 공헌하는 책임의식과 태도를 가진다.
- 회계원리의 성취기준 개발은 교육과정의 목표 및 내용 분석, 성취기준의 개발영역 설성, 성취기준의 개발, 성취기준의 평가, 성취기준의 확정 등이 포함된다.
- 회계원리 과목의 평가방향은 수업목표와 평가의 일관성, 교수학습 과정과 평가의 유기적 관련성, 타당성 높은 평가, 평가의 공평성 등이 있다.
- 자기주도적 학습의 특징은 첫째, 학습자는 학습단계에서 교수자와 똑같은 모습으로 학습과정을 인식하지 않는다. 학습자 나름대로의 인식이 허용되어야 한다. 둘째, 학습결과와 학습과정이 통합되는 가운데 학습과제가 다양하게 선택기회로 제공되어야 한다. 셋째, 교수-학습의 과정에서 학습자의 책임이 더욱 더 증대되는 방향으로 모든 교과목의 수업구조가 계획적으로 변화되어야 한다. 넷째, 학습자는 자신의 학습과정의 모니터가 되어, 스스로 환류받을 수 있는 환경이 조성되어야 한다. 다섯째, 교수자와 학습자는 공동으로 그들이 서로 가르치고 배우는 모든 교과의 본질과 기능에 대한 비판적 검토의 기회를 가져야 한다.
- 자기주도적 학습의 모형은 학습욕구 진단, 학습목표 설정, 학습을 위한 인적 및 물적 자원파악, 적절한 학습전략 선정 및 이행, 학습결과 평가 등이 있다.

제 10 장
상업경제과 학습계획지도안

제 10 장
상업경제과 학습계획지도안

다음은 상업정보 교과목 중 자기주도적 학습능력 개발을 위한 상업경제과 교수-학습계획지도안을 중심으로 상업계열 고등학교 교육과정, 자기주도적 교수-학습, 대단원의 학습지도 계획, 본시 교수-학습지도 계획, 요점정리, 형성평가 단계로 이루어지는 학습지도안에 대한 사례를 살펴보면 다음과 같다.

상업경제과 학습계획지도안

단 원	Ⅱ. 유통경제 1. 생산활동과 소비활동 (4) 매매계약의 체결과 이행
일 시	20XX년 월 일 (월)
장 소	XX여자 상업 고등학교
대 상	제 1 학년 반 명
교 생	O O O

제 1 절 상업계열 고등학교의 교육과정

1. 상업교육의 목적과 중요성

1) 상업교육의 목적

우리나라가 선진 산업사회로 진입을 함에 따라 사회, 경제 구조가 다원화되고 세분화되는 과정에서 학교교육의 중요성은 교육의 양적 확대도 중요하나, 보다 더 중요한 것은 교육내용의 질적 향상이라고 볼 수 있다. 그동안 학교교육에서의 상업교육은 우리나라의 국가 경제발전을 위한 인적 자원을 양성, 공급하는 데 주도적 역할을 담당하여 왔다.

따라서, 상업교육은 상업과의 교육목표 설정 내용과 같이, 상업 및 경영의 각 분야에 종사할 직업인을 양성하는 전문적인 직업교육이 아니라, 발전하는 고도 산업사회의 다양한 구조 속에서, 실생활에 효율적으로 활용하고, 현명하게 적응할 수 있는 중견국민으로서의 기본적 자질을 함양하는 데 주안점을 둔 보통 교과로서의 성격을 가진다.

그러므로 일상생활과 관련되는 소재를 중심으로, 상업과 경영의 전반에 관한 기초적이고도 기본적인 내용을 고루 이해하게 함으로써 합리적인 경제생활과 그 활동을 할 수 있도록 구성하여, 교육과 산업 사회와의 연계적인 조화가 이루어지고, 실천적 효과를 거둘 수 있어야 한다.

또, 경제생활 과정에 직결되는 다양한 상업과 경영 활동의 기관업무를 이해하여 그 기관의 능률적인 이용을 통한 실익적, 경제적 편의성을 중점적으로, 생활에 필요한 내용을 광범위하게 알게 함으로써, 일상생활과 직업생활에 필요한 기본적인 소양을 기르는 동시에 모든 산업과의 연관적인 보완관계도 유지될 수 있어서 직업인으로서의 역할을 원만히 수행하며, 산업사회에 능동적으로 대처할 수 있는 역량을 기르도록 해야 한다.

특히, 고등학교의 상업은 진학자의 일반소양 함양의 측면과 직업 생활을 할 학생의 직업준비 과정으로서의 성격을 함께 가지고 있으므로, 이 양 측면을 고려하여 조화 있게 운영해야 할 것이다.

2) 상업교육의 중요성

상업교육의 목표는 "상업 및 경영에 관한 기초 지식과 기술을 습득하게 하여, 상업 및 경영의 각 분야에 종사할 수 있는 자질과 능력을 기르고, 경제사회 발전에 기여할 수 있게 한다."는데 있다.

이는 21세기의 산업사회의 변화를 염두에 두어, 상업의 범주를 산업의 한 부분에만 국한하지 않고, 상업교육의 일반 교육적 성격과 학문적 성격, 그리고 사회 및 국민경제 발전에의 공헌을 반영함으로써 상업계열 고등학교 교육의 광의적 영역을 포괄하고, 산업기술 변화에 대응할 수 있는 교육목표 구현에 초점을 두었다.

2. 상업계 교과교육의 목적

1) 상업에 관한 교과의 교육목표

상업 및 경영에 관한 기초지식과 기술을 습득하여 자신에게 맞는 진로를 선택할 수 있고, 급변하는 정보화 사회에서 창의적으로 적응하여 자아를 실현하며 나아가 국가경제 발전에 기여하려는 적극적인 태도를 갖는다.

첫째, 정보화 사회에 대한 폭넓은 이해와 소양을 지닌다.

둘째, 상업 및 경영의 각 분야에서 장래 우수한 직업인으로 활동하는 데 필요한 기초 지식과 태도를 갖는다.

셋째, 상업 및 경영의 각 분야에서 다른 국가의 기업과의 교류를 통하여 국제협력을 도모하고, 국가 경제사회 발전에 공헌하는 책임 의식과 태도를 갖는다.

2) 제7차 교육과정에서의 공통필수 과목

고등하교 제7차 교육과정에서 상업계열 필수 공통과목으로 상업경제, 컴퓨터일반, 회계원리를 두고 있다.

이는 21세기의 산업사회의 변화를 염두에 두어, 상업의 범주를 산업의 한 부분에만 국한하지 않고, 상업교육의 일반 교육적 성격과 학문적 성격, 사회 및 국민경제 발전에의 공헌을 반영함으로써 상업계열 고등학교 교육의 광의적 영역을 포괄하고, 산업기술 변화에 대응할 수 있는 교육목표 구현에 초점을 두었다.

3. 상업경제 교과의 교육과정 분석

1) 목표

오늘날 상업경제는 상업전반에 종사하는 전문인에게는 필요한 특수한 지식이 아니라 사회 일반대중의 상식으로 그 영역을 확대해 가고 있으며, 상업경제에 대한 관심과 연구는 꾸준히 발전되어 정보 통신산업

분야로 확산되고 있다.

상업경제를 통하여 상업의 기본원리를 이해하고, 경영전반에 대한 실태와 사회생활에서 가장 중요한 기초학습의 능력을 기르는데 목표를 두고 있다.

2) 내용

(1) 경제활동과 상업
(2) 유통경제
(3) 금융
(4) 정보통신
(5) 국제경영과 국제경제

3) 지도상의 유의점

첫째, 상업계열 공통 필수과목으로서 중요성과 상업경제의 실무 기본 교과와의 연계성을 고려하고, 상업경제의 기초이론을 명확하게 이해할 수 있도록 지도한다.

둘째, 매매계약의 체결과 이행은 일반 수업시간같이 활용하고 조직의 구성요소는 간단한 사례를 통하여 기본원리를 알 수 있다.

셋째, 매매계약의 체결에 있어서 그 조건은 5가지로 나누어진다.

넷째, 상업경제에 관한 개인별 학습진행 과정은 수시로 평가하고 개인별 학습 성취도는 능력에 맞추어 개인의 수준별 지도 및 개별 지도를 한다.

다섯째, 결과가 성취도에 도달되었는지 반복 학습하여 목표를 정하고, 개인의 창의력, 분석력, 관찰력 및 기타 개인의 적성 및 소질을 파악하여 진로지도에 활용하도록 지도한다.

4) 평가방안

첫째, 상업경제는 계열 공통필수 과목으로서의 중요성과 상업에 관한 기초기본 교과로서 연계를 시켜 상업 기초이론을 명확하게 이해할 수 있도록 한다.

둘째, 상업경제는 보편적으로 사용하고 있는 방법으로 설명하고 간단한 사례는 우리 주변에서 흔히 볼 수 있는 소매상, 중개인 등을 조사함으로서 기본원리를 증진시킨다.

셋째, 각종 매매계약의 체결과 이행을 비교하여 실생활에서 적용할 수 있도록 비교 검토한다.

넷째, 매매의 5가지 조전에 관해 분류하고 가격조건의 의의와 종류는 어떠한가를 설명하고 그 조건을 판매자와 매입자 입장에서 평가하고 설명한다.

다섯째, 매매계약의 체결과 매매의 5조건을 이해하고 가격의 합리와 추진 · 중소 상업자의 보호 육성 · 소비자 보호법을 이해시키고, 매매의 품질조건, 수량조건, 가격조건, 상품의 인도시기 및 장소, 상품대금 지급방법 등에 대해 설명하고 주변에서 활용한다.

여섯째, 상업경제의 성취도 평가는 객관식의 지필고사 2/3문항, 주관식의 수행평가 1/3문항으로 나누어 평가한다.

제2절 자기주도적 교수-학습

1. 자기주도적 교수-학습의 필요성

① 학습에 있어서 주도권을 가진 사람들은 가만히 앉아서 수동적으로 가르쳐 주기를 기대하는 사람보다 더 많은 것을 학습하고 더 잘 배우게 된다.

② 자기주도적 학습은 자연적・심리학적 발달과정이다.

③ 교육에 있어서 새로운 발전의 다수는 학습자 자신의 학습에 대해 많은 주도권을 가져야 한다는 무거운 책임을 지우고 있다.

④ Toffler(1970)가 말하는 "미래의 충격" 이라는 용어로 설명될 수 있으며 첫째, 산업혁명 이후 현재의 정보화 사회에 이르게 됨에 따라 지식과 기술이 급변하였고, 교육의 목표를 이미 알려진 내용을 전달하는 것으로 규정하는 것은 바람직한 일이 아니며, 이제는 교육의 중요한 목적이 탐구기술의 개발과 새로운 지식을 쉽고 기술적으로 습득하는 능력을 배양하는 것이다.

둘째, 학습은 학교에서만 이루어지는 것이 아니라, 우리가 생활하고 있는 모든 것으로부터 배워야 하며, 모든 경험을 학습경험으로 개발하여야 한다는 것이다.

셋째, 각 시기별로 동일한 교육이 이루어지는 것은 바람직하지 않다는 것이다.

2. 자기주도적 학습이 되도록 하는 방법

자기주도적 학습에 있어 많은 체계를 세운 Knowles는 사람들을 자기주도적 학습이라는 낯선 물속에 그냥 내던져 놓고 그들이 수영하기를 기대해서는 안 된다고 경고하고 있다. 자기주도적 학습은 많은 사람들에게 새로운 경험일 것이므로 그러한 학습에 대한 어느 정도의 준비가 필요하다는 것이다. 이것이 학습하는 방법에 대한 학습이 필요한 이유이고 교육을 담당하는 교육부서가 지금과 같은 급격한 패러다임 변혁기에 해야 할 가장 중요한 의무이다.

자기주도적 학습에 대한 권위자인 Knowles는 문제를 해결하기 위한 연습은 교육담당자의 자기주도학습 과정개발과 관련하여 제시되었으나, 이 글에서는 자기주도학습자의 입장으로 변경하였다.

1) 관계정립 · 분위기 형성

① 직업(What they are; 'It-It'관계): 현재의 직업적(업무적) 역할과 과거의 경험, ② 신분(who they are; 'I Thou' 관계): 다른 사람들이 자신을 다른 독특한 인간으로 볼 수 있는 자기 자신에 대한 어떤 것, ③ 과거의 경험이나 학습을 통해 얻어진 이 프로그램(자기주도학습)과 관련하여 그들이 가지고 있는 공유함으로써 가치를 낼 수 있는 어떤 특수한 자원, ④ 그들이 희망하고 있는 어떤 문제나 관심이 이러한 프로그램에서 다뤄질 것이라는 것.

이러한 것의 바탕은 상대방의 다양성에 대한 인정과 전체가 공동의 목적으로 조화되는 팀워크라고 할 수 있다. 자기주도학습이 절대 혼자서 묵묵히 해 가는 것이 아님을 상기하고 이러한 환경을 갖추는 노력이 필요하다.

2) 자기주도적 학습에 대한 인지적 지도(cognitive map)

첫째, 참여한 학습자들은 자기주도적이 되고자 하는 깊은 심리적 욕구를 가지고 있다.

둘째, 학습자들은 학습에 대한 풍부한 자원인 자신의 과거의 경험 및 훈련으로부터 획득된 어떤 학습자원과 나름의 방법을 이미 가지고 있다.

셋째, 학습자들은 학습성향에 있어서 과업 중심적, 문제 중심적, 생활 중심적이다. 만약 그렇지 않다면 이것에 대해서는 충분한 협의를 통해 합의를 이루어내야 한다.

넷째, 학습자들은 본질적으로 올바른 조건 및 격려나 위기의식이 주어진다면 학습하고자 하는 동기를 부여받게 될 것이다. 자기 자신의 주도로 학습하는 것이 다른 사람들이 그들에게 설명식으로 전달하는 내용보다 더 효과적으로 학습하고 또 오래 간직된다.

이러한 자기주도적 학습에 대한 공감적 인지적 지도(cognitive map)는 진행과정 중에 불필요한 시간을 최소화할 수 있고, 공동의 가치지향적 관계로 발전할 수 있게 하는 자신과 그룹 공동의 기본적인 약속이 된다.

3. 자기주도적 학습 증진을 위한 교수-학습 방안 탐색

교수-학습에서 자기주도적 학습을 증진시키기 위한 방안은 다음 세 가지 접근으로 구분될 수 있다.

첫째, 학습자의 자기주도성에 초점을 두고 학습자의 책임과 의사결정 능력을 키우기 위해 자기주도적 학습 전략을 직접적으로 교수하고자 하는 접근이다.

둘째, 학습자의 자기주도적 수준에 따라 차별화된 수업을 제공하고자 하는 접근이다.

셋째. 그리고 풍부하고도 도전적인 학습환경을 제공하여 학습자의 능동적 인지 구성을 돕는 방안을 들 수 있다.

4. 자기주도적 학습론의 영향과 미래

자기주도적 학습에 관한 지식은 성인기의 학습에 관한 이해에 중대한 영향을 미쳤다. 이 앞에서 논의된 지식들을 사용해서 성인기의 학습에 관한 우리의 생각에 변화를 주는 것에는 주의를 기울여야 한다. 예를 들어 우리는 자기주도적 학습을 성숙한 성인학습자의 진정한 표시로서 이상화시키지 말아야 한다.

자기주도적 학습에 관한 연구는 이론을 정립하는데 기여하여 왔고, 실제적으로 성인학습 분야에서 성인교육자들에게 어떤 형태로든지 간에 영향을 미쳐왔기 때문에 앞으로도 계속적으로 연구될 전망이다.

자기주도적 학습은 성인교육자로서 우리가 어떻게 학습자를 보고 학습과정을 이해하고 교수자와 촉진자로서 행동하고 평생학습자의 모형으로서 노력하느냐에 하나의 준거로서 작용할 수 있으며, 이는 앞으로도 그럴 것이다. 학습에 있어서 자기주도적이고 책임을 지고 개인이 무엇을 어디서 어떻게 학습하는가를 결정하는 능력은 개인, 지역사회, 사회의 변화가 지속적으로 일어나는 사회에서는 생존과 번영에 매우 중요한 것이다.

제3절 대단원의 학습지도 계획

1. 교재 및 단원

1) 교재

(1) 교재명 : 상업경제 (2001. 07. 26 교육인적자원부 검정)
(2) 저 자 : X X X
(3) 출판사 : X X X 출판사

2) 단원

(1) 대단원 : Ⅱ. 유통 경제
(2) 중단원 : Ⅱ-1. 생산활동과 소비활동
(3) 소단원 : 4) 매매계약의 체결과 이행
(4) 본 시 : (3) 매매의 5조건 · 가격 조건

2. 단원의 학습목표

첫째, 유통기관의 종류와 유통정보화에 대하여 설명할 수 있다.
둘째, 효율적인 매매방법과 대금지급방법을 이해하고 적용할 수 있다.
셋째, 매매계약의 체결과 이행에 대한 절차를 이해하고 적용할 수 있다.

3. 다른 교과와의 연계

1) 마케팅 교과서의 현대 마케팅, 소비자 가격, 유통경로, 판매촉진 단원
2) 유통관리 일반교과서의 물적 유통관리 단원
3) 유통정보 실무 교과서의 유통정보상의 경로, 유통정보시스템 단원
4) 무역실무 : 계약체결
5) 대학교과서의 무역학원론과 연계를 맺고 있다.

4. 열린 활동

첫째, 어떠한 매매계약체결 방법이 판매자에게 유리한지 조사해보자.

둘째, 어떠한 상황이 주어졌을 때 어떤 계약방법을 이용할 지 토의해보자.

5. 학습단원 내용

대단원	중단원	소단원	학습내용	소요 시간	지도상의 유의점
1. 생산 활동과 소비 활동	4) 매매 계약의 체결과 이행	· 매매의 5조건	· 매매계약의 체결 · 매매계약의 이행	1/4	· 매매계약의 체결과 이행의 절차를 숙지하도록 실제와 비슷하게 Simulation 한다.
			· 품질조건 · 수량조건	2/4	· 각각 상품특성에 따른 품질, 수량상태에 알맞은 방법으로 처리할 수 있게 지도하고 가장 적당한 방법을 연구하게 만든다.

대단원	중단원	소단원	학습내용	소요 시간	지도상의 유의점
			· 가격조건	3/4 본시	· EXW, FAS, FOB, CIF, DDP의 가격조건에 대해 그 배경과 그 종류를 숙지시킨다. · 각 조건에 따라 수익의 영향을 끼치는 정도를 알게 한다.
			· 상품인도 시기와 장소조건 · 대금지급방법조건	4/4	· 상품의 인도시기, 장소, 대금지급방법의 종류와 그 조건에 대해 판매자의 상황에 따라 달라지는 점을 숙지시킨다.

6. 단원 지도상의 유의점

첫째, 학습목표는 흥미롭게 만든다.

둘째, 일반적인 학습목표를 잠재적 학습도달 목표와 연계시킨다.

셋째, 수준별, 모둠 학습을 고려하여 잠정적으로 분류하여 책상배열을 한다.

넷째, 네트워크가 안 될 경우를 고려하여, 미리 네트워크 환경사용가능 여부는 체크하도록 한다.

다섯째, 우리 주변에서 쉽게 접할 수 있는 상업, 매매 계약의 체결과 이행 등을 활용함으로서 직접 상업에 대한 실천을 체험할 수 있다.

여섯째, 설명한 내용을 반복 요점정리를 함으로써 학생들의 수업태도가 산만해 지지 않도록 한다.

일곱째, 수업전개 과정에서 학생들과 질의응답을 함으로써 학생들의 사고력과 창의성을 증대할 수 있도록 유발한다.

제4절 본시 교수-학습 지도 계획

1. 단원명

Ⅱ. 유통경제

1. 생산활동과 소비활동

(4) 매매계약의 체결과 이행

2. 일시: 20XX년 X월 X일 (X요일) 교시

3. 학습대상

1) 학교 : XX 여자상업고등학교

2) 학반 : X학년 반 명

4. 학습자료

1) 교사 : 교과서, 지도안, 컴퓨터, 빔 프로젝트

2) 학생 : 교과서, 노트, 필기구, 유인물

5. 본시학습 지도안

단계	학습내용	교수-학습 활동		시량	지도상 유의점	실습형태
		교사	학생			
도입	▶인사 및 출석점검	·인사 ·출석 점검	·인사 ·출석 확인	5'	·수업 준비 확인	문답
	▶전시학습 ▶동기유발	·전시학습 내용을 질문 ·품질조건 ·수량조선 ·인터넷 물품구매 시 운송비의 부담방법에 대해 알아보기	·전시학습 내용을 대답한다. ·경청, 질문에 대답 ·인터넷 구매방법에 대해 대답		·전시학습과 본시학습을 자연스럽게 접목시킨다. ·학생들이 가장 관심을 갖는 인터넷 구매방법에 대해 대화식 수업 진행	토의 대화
	▶학습목표 제시	·매매의 가격조건의 종류를 파악하고 이해할 수 있다.	·본시 학습 목표 확인	2'	·본시 학습의 문제를 개략적으로 설명한다.	대화 사고 대화 강의

단계	학습내용	교수-학습 활동		시량	지도상 유의점	실습형태
		교사	학생			
전개	▶매매의 가격 조건 ·출발지 인도조건	·매매의 5조건 중 ·가격조건의 종류	·매매시 가격조건의 종류에 대해 사고하여 대답.	5'	·매매의 가격 조건과 수익과 연관시켜 사고를 통한 대화식 수업이 되도록 유의.	대화강의
	▶출발지 인도조건	·공장 인도조건 (EXW) ·운송인 인도조건 (FCA) ·선측 인도조건 (FAS) ·본선 인도조건 (FOB) 'FOB BuSan' 후진국 무역에서 가장 많이 이용 ·운임 포함 인도 조건 (CFR) ·운임 보험료 포함 인도조건 (COF),'CIF New York' 선진국 무역에서 가장 많이 이용	·우리들이 생활하면서 주변에서 사용하는 가격조건(현대자동차의 수출, 멕시코의 사탕수수, 현대택배) 등을 연관지으면서 대답.	14'	·수업과정을 통해 판매자와 구매자 사이의 수익과 관련하여 사고하고 응용할 수 있게 시간적 여유를 두면서 진행.	대화 사고 대화 강의
	▶도착지 인도 가격	·국경 인도조건 (CAF) ·착선 인도조건 (DES) ·부두 인도조건 (DEQ) ·관세 미지급인도 조건(DCU) ·관세지급반입 인도조건(DDP) 구매자는 매우 유리한 조건	·도착지 인도 가격조건에 대하여 나누어서 대답. ·출발지와 도착지의 가격 조건을 연상하면서 사고하고 대답.	13'	·판매자가 매우 불리한 가격조건은 생각할 수 있게 진행.	대화 사고 대화 강의
	▶질의응답	·의문사항에 대한 질문을 유도하여 설명	·의문사항에 대한 질문	3'	·편안한 분위기 조성하고 질문이 없을 경우 교사가 발문을 한다.	문답

단계	학습내용	교수-학습 활동		시량	지도상 유의점	실습 형태
		교사	학생			
정리	▶요점정리	· 매매의 가격조건 · 출발지 인도조건 · 도착지 인도조건 · 장단점을 사고할 수 있도록 유도	· 매매의 5조건을 나누어서 대화하면서 정리. · 출발지 조건과 도착지 조건의 장단점을 사고하면서 정리	3'	· 가격조건에 대해 판매자 수익에 대해 사고할 수 있도록 질문하면서 정리한다.	문답
	▶형성평가	· 형성평가 문제지를 배부 · 배부된 문제지의 정답 제시 . 정답을 통해 틀린 부분 수정 · 형성평가 성취도 확인 · 형성평가 정리	· 형성평가 문제지 풀이 · 형성평가 정답 확인 제시 · 형성평가 결과 확인 · 형성평가 정리	3'	· 수준별 및 모둠 학습을 할 수 있도록 분위기 조성 · 학생들에게 위화감이 생기지 않도록 유의 · 성취동기가 빠른 학생을 도우미로 활용	문답
	▶차시예고	· 상품의 인도 시기와 장소 · 상품의 대금 지급 방법	· 차시 학습 내용 인지	2'	· 교과내용을 한번 읽어오기	강의

6. 본시 학습평가의 주안점

첫째, 학생들이 이용하는 소매상의 가격결정 방법을 알아보자.

둘째, 상품의 가격조건에서 무역에서 가장 많이 사용하는 조건은 무엇인지 알아보자.

셋째, DDP가격과 EXW가격에 대해 설명해보자.

넷째, FOB Busan과 CIF New York에 대하여 설명해보자.

〈요점정리〉

가. 매매의 5조건 : 품질, 수량, 가격, 인도시기와 장소, 대금지급 방법

나. 가격 조건

(1) 출발지 인도 가격 조건

· 본선 인도 조건(FOB) – 판매자가 선적항의 본선에 적제할 때 까지의 모든 비용부담 수입국에 무역 외 수지(운임, 보험료 등)
FOB BuSan – 출발한 부산무역에서 가장 많이 사용
· 운임 보험료 포함 가격(CIF) – 도착항까지의 모든 비용과 운임 및 보험료를 판매자가 부담하는 가격조건 수출국에서 무역 외 수지(운임, 보험료 등)
CIF New York – 도착항 뉴욕

(2) 도착지 인도 가격 조건
· 국경인도 조건(DAF)
· 관세 지급 반입 인도 조건(DDP) – 구매자가 가장 유리함.

형성 평가	ＸＸ여자상업고등학교 Ｘ학년 (　　)반 (　　)번 성명(　　　　)

1. 다음 국제무역에 있어서 가장 많이 사용하는 가격표시 방법은?
① 운임포함조건(CFR) ② 부두인도조건(DEQ)
③ 본선인도조건(FOB) ④ 선측인도조건(FAS)
⑤ 공장인도조건(EXW)

2. FOB Busan이 뜻하는 것은?
① 우리나라는 수입국이다. ② 부산항은 도착항이다.
③ 부산항은 출발항이다. ④ 우리나라는 중간 경유국이다.
⑤ 부산항은 자유항이다.

3. 판매자에게 가장 유리한 가격 조건은?
① 운임포함조건(CFR) ② 공장인도가격(EXW)
③ 본선인도조건(FOB) ④ 부두도조건(DEQ)
⑤ 선측인도조건(FAS)

4. 다음 중 'CIF. New York'을 가장 잘 설명한 것은?
   ① 수출상이 도착항인 뉴욕까지의 모든 운임과 해상 보험료를 부담한다.
   ② 수입상이 도착항인 뉴욕까지의 모든 운임과 해상 보험료를 부담한다.
   ③ 수출상이 출발항인 뉴욕에서 부산까지의 운임과 보험료를 부담한다.
   ④ 뉴욕은 출발항이며, 뉴욕을 인도장소로 결정한다는 가격조건이다.
   ⑤ 수입상이 도착항인 뉴욕까지의 모든 운임을 부담한다.

모듬학습지 (A)	X X 여자상업고등학교 X 학년( )반 ( )번 성명( )

1. 매매의 5조건을 쓰시오.
   ( ) ( ) ( )
   ( ) ( )

2. 'FOB Busan us 41,000 per one case'의 뜻을 쓰시오.
   ( )

모듬학습지 (B)	X X 여자상업고등학교 X 학년( )반 ( )번 성명( )

1. 후진국 수입에서 많이 쓰이는 무역거래 조건은( )이다.
   선진국 수출에서 많이 쓰이는 무역거래 조건은 ( )이다.
   ( ) ( )

2. 'CIF NEW YORK us $1,000 per one case'의 뜻을 쓰시오
   ( )

〈표 10-1〉 수업 연구평가 자료

수업 계획	1. 본시수업은 계획된 시간내에 마칠 수 있었는가? 2. 단계별 지도는 시간계획대로 되었는가?(도입3-5분, 전개 40분, 정리3-5분) 3. 본시에 계획된 분절 수가 7-13분절이었는가? 4. 1분절에 3-8분 정도로 수업이 진행되었는가?
교사 활동 및 태도	5. 도입단계에서는 전 시간에 학습한 내용을 상기시키는 기회가 있었는가? 6. 정리단계에서는 그 시간에 다룬 지식, 기능, 태도 등을 응용시키는 기회가 있었는가? 7. 학생들의 작업회수(읽기,쓰기,작도,스켓치,계산,통계,실험 등)가 1-4회 정도 있었는가? 8. 개별지도의 시간여유는 있었는가?(학생은 사고, 작업 등 시간) 9. 같은 것을 여러 번 되풀이 또는 장시간 되풀이 된 것은 없는가? 10. 질문한 후 사고할 시간적 여유를 주었는가? 11. 발표에 대한 칭찬의 말이 있었는가? 12. 수업도중에 수업내용에 대한 정리가 1,2회 있었는가? 13. 교사의 음성은 억양이 적절하고 지루한 감이 있었는가? 14. 학생들의 이해 여부를 확인하는 조치가 적절했는가? 15. 교재연구는 충분히 되고 있다는 것이 역연하였는가? 16. 차시예고는 충분하여 종합적인 학습내용의 평가가 있었는가? 17. 컴퓨터 활용은 적절하였는가? 18. 학습지도 중 교사의 태도는 명랑하고 유머가 있었는가? 19. 본교 교육목표와 관련시키려는 노력이 엿보이는가?
판서 내용	20. 판서내용이 학생의 질문, 발언 등을 예측한 계획인가? 21. 판서내용이 학습의 줄거리와 문제해결의 실마리가 될 수 있었나? 22. 판서는 질서 있고 간단명료하였는가? 23. 판서내용은 도식화 기호화된 것이 있었는가? 24. 분필은 2-3색 정도 사용하였는가? 25. 판서는 바르게 해서로 미적으로 빨리 쓰였는가? 26. 탈자, 오자 등은 없었는가? 27. 본시의 학습문제(단원)는 뚜렷이 명시되었는가? 28. 판서는 인상적이고 효과적이었는가?

학습 자료 및 노트	29. 학습 자료는 (교구)1-4종 정도 사용하였는가? 30. 자료는 전 학생이 보기 쉽게 게시되었는가? 31. 자료의 사용 시기는 적절하였는가? 32. 교과서에 있는 도표 수치 등은 아니었는가? 33. 본시 학습에 꼭 필요한 학습 자료인가? 34. 판서사항을 노트에 기장할 시간이 적절하였는가? 35. 노트정리에 있어 독창적인 기장시간을 적절히 유도시키고 있었는가?
학생 행동	36. 학생의 자발적인 질문, 발언이 있었는가? 37. 학생의 발언은 전체학생들에게 잘 들릴 수 있었는가? 38. 학생의 발언에 대해 교사는 감동적 태도가 있었는가? 39. 학생들이 감동을 느끼는 장면이 있었는가? 40. 성적 하위의 학생들이 이해했다는 순간이 몇 번 있었는가? 41. 복습과 예습이 충분히 되었는가? 42. 수업에 클라이막스가 있었는가?
수업 전체에 대해	43. 교사와 학생 상호간에 호흡이 맞아 즐거운 수업이 진행되었는가? 44. 자유스럽고 부드러운 수업이었는가? 45. 교사의 일방적인 강의식 수업은 아니었는가? 46. 학생의 자발성을 높이는 수업이었는가? 47. 학생의 사고력을 기르는 수업이었는가? 48. 학생의 창조, 발전적 태도를 기르는 수업이었는가? 49. 학생의 흥미를 본위로 한 수업이었는가? 50. 활기에 넘치는 참신한 수업이었는가?

〈표 10-2〉 교사 공개수업 평가표

설명 : 척도선상의 숫자는 평점으로 환산하여 아래와 같습니다.

+ 3 ---- 100		− 1 ---- 60
+ 2 ---- 90	0 ---- 70	− 2 ---- 50
+ 1 ---- 80		− 3 ---- 40

이 평점을 참작하여 척도상의 어느 곳에라도 체크(v)하여 평가를 나타내 주십시오. 척도 상에 평가되지 않는 항목은 지시대로 기술하여 주십시오.

Ⅰ. 교수자로서의 일반적 자질 (20%)

항목	+3	+2	+1	0	−1	−2	−3
1. 목소리(청탁 · 리듬 등)							
2. 말 씨(속도 · 방언 등)							
3. 태 도(행동 · 표정 등)							
4. 외 모(인상 · 복장 등)							

Ⅱ. 학습지도 상태 (30%)

항목	+3	+2	+1	0	−1	−2	−3
1. 학습내용에 대한 준비 및 학습계획							
2. 학습내용에 대한 이해							
3. 학습내용의 전달능력							
4. 학습분위기 조성 및 통제능력							

Ⅲ. 학습단원의 전개과정 (30%)

항목	+3	+2	+1	0	−1	−2	−3
1. 도입단계 (학습동기의 유발 · 흥미 등)							
2. 전개단계 (학습내용의 진행 등)							
3. 정리단계 (교수내용의 요약 · 결론유도 등)							
4. 평가단계 (학습결과평가의 태도와 능력 등)							

Ⅳ. 교수기술 (20%)

항목	+3	+2	+1	0	−1	−2	−3
1. 질문처리능력 (학생으로부터의 질문)							
2. 발문요령 및 기술 (교수자로서의 발문)							
3. 판서요령 (판서의 글씨 · 판서조직 등)							
4. 교수방법의 활용성							

Ⅴ. 총 점

<table>
<tr><td rowspan="4">총평</td><td rowspan="3">의견</td><td>우수하여 바로 수업에 임해도 좋다.</td></tr>
<tr><td>대체로 양호하나 계속 연구가 필요하다.</td></tr>
<tr><td>재차 공개수업을 통한 평가가 요망된다.</td></tr>
<tr><td>기타</td><td></td></tr>
</table>

평 가 자 ____________________ 성 명 ____________________ (인)

발표일시 ____

발표과목 ______________________

단 원 명 ___________________________________

발 표 자 ____

〈표 10-3〉 공개 수업 평가표

발표일시 : 년 월 일 시부터 시까지

발표과목 : 교시 :

평 가 자 :

평가내용 :

착 안 사 항			평 가				
			수	우	미	양	가
학습준비상태 (40)	1	교재 및 학습지도안 준비상태					
	2	괘도, 기타 보조 자료의 충실성					
	3	외모, 행동, 복장, 표정(성실성 등)					
	4	특별히 착안 준비한 상태					
과목연구정도 (30)	1	수업진행 복안 및 요목간의 연관성					
	2	수업내용의 숙지 및 연구 정도					
	3	지도안 없이도 자신 있는 표현 여부					
	4	학습계획안과의 일치성					
교수기술정도 (30)	1	보조 자료의 유기적 활용성					
	2	질의, 문답, 기술 및 학생과의 논의					
	3	학생장악력 및 학습 분위기 조성력					
	4	결론 유도의 적합성					
계(100)							
총 평	의견	우수하다					
		대체로 양호하나 계속 연구가 필요하다. 재차 연구수업을 통한 평가가 요망된다.					
	장려할 점						

평가자: 성명 (인)

핵심정리

- 상업교육의 목표는 "상업 및 경영에 관한 기초 지식과 기술을 습득하게 하여, 상업 및 경영의 각 분야에 종사할 수 있는 자질과 능력을 기르고, 경제사회 발전에 기여할 수 있게 한다."는데 있다.

- 상업교육의 목표는 첫째, 정보화 사회에 대한 폭넓은 이해와 소양을 지닌다. 둘째, 상업 및 경영의 각 분야에서 장래 우수한 직업인으로 활동하는데 필요한 기초지식과 태도를 갖는다. 셋째, 상업 및 경영의 각 분야에서 다른 국가의 기업과의 교류를 통하여 국제협력을 도모하고, 국가 경제사회 발전에 공헌하는 책임의식과 태도를 갖는다.

- 자기주도적 교수-학습의 필요성 ① 학습에 있어서 주도권을 가진 사람들은 가만히 앉아서 수동적으로 가르쳐 주기를 기대하는 사람보다 더 많은 것을 학습하고 더 잘 배우게 된다. ② 자기주도적 학습은 자연적 · 심리학적 발달과정이다. ③ 교육에 있어서 새로운 발전의 다수는 학습자 자신의 학습에 대해 많은 주도권을 가져야 한다는 무거운 책임을 지우고 있다.

- 자기주도적 학습이 되도록 하는 방법은 관계정립 및 분위기 형성, 자기주도적 학습에 대한 인지적 지도 등이 필요하다.

- 자기주도적 학습 증진을 위한 교수-학습 방안 탐색은 다음 세 가지 접근으로 구분될 수 있다. 첫째, 학습자의 자기주도성에 초점을 두고 학습자의 책임과 의사결정 능력을 키우기 위해 자기주도적 학습전략을 직접적으로 교수하고자 하는 접근이다. 둘째, 학습자의 자기주도적 수준에 따라 차별화된 수업을 제공하고자 하는 접근이다. 셋째. 그리고 풍부하고도 도전적인 학습환경을 제공하여 학습자의 능동적 인지 구성을 돕는 방안을 들 수 있다.

제 11 장
교생실습

제 11 장
교생실습

제1절 교생실습

1. 교생실습

1) 교생실습의 의미

사범대, 교육대, 교직설치학과에서 교직을 이수하는 학생들은 누구나 교생실습하게 된다. 교사가 되기 위해서는 대학에서 배운 교직과목을 토대로 실제 학교현장에서 경험을 통해 교사의 길에 대한 체험을 하게 되는 것이다. 교생실습은 일반적으로 4주간 학교현장에서 실무에 대한 관찰, 참가, 실습단계를 통해 생활지도, 학습지도, 학급경영 등에 대한 경험을 통해 교직생활의 중요성과 자신이 교사로서의 자질을 검증하고 교사로서의 실전을 접하는 것이다.

이를 통해 예비교사로서의 경험을 통해 교사로서 교단에 서고자 하는 마음을 다잡게 되기도 하고, 경우에 따라 교사로서의 길을 가지 않고 인생의 진로를 변경하게 된다.

2) 교생실습 신청기간

대학에 따라 차이가 있지만 3월부터 진행되므로 신청기간을 확인하여 관련부서를 통해 교생실습이 가능한 학교에서 자신이 맡게 될 과목에 대한 인원을 확인할 필요성이 있다. 가능하면 자신이 졸업한 초등학교, 중학교, 고등학교 모교를 통해 실습하게 되면 그 만큼 후배들과 만나게 되고 자신을 담당했던 선생님의 애정 어린 지도가 가능하게 된다.

3) 교생실습 기간

교생실습은 통상적으로 5월에 4주간 실시되는 경우가 일반적이라고 할 수 있다. 처음에는 학교의 제반적인 상황을 익혀야 한다. 즉 실습학교의 학급구성, 교직원 파악, 맡게 될 학급의 학생들의 성명과 특성을 파악하게 된다. 다음으로 교과목 담임선생님의 수업에 참관하여 체험하는 기회가 필요하다. 수업참관 후 교생이 맡게 될 교과목에 대한 직접 수업시연을 하게 된다.

4) 교생실습에 필요한 준비사항

(1) 단정한 옷차림

교생의 옷차림은 남학생의 경우 튀지 않는 와이셔츠에 정장차림이 필요하고, 여학생의 경우 블라우스 또는 셔츠에 짧지 않은 치마나 정장바지를 입는 게 무난하다. 옷의 색상은 가능하면 너무 튀지 않은 것으로 입어야 하며 단정한 모습을 보여주는 옷차림이 필요하다.

(2) 명찰과 실내화

명찰의 경우 일반적으로 소속 대학교에서 만들어 주는데 교생임을 나타내는 것이므로 반드시 지참하도록 한다. 아울러 4주간의 교생실습에 학내에서 가장 필수적인 실내화를 필히 챙겨야 한다.

(3) 실습일지

실습일지는 실습기간 동안 매일 교생실습에 대한 내용을 기재하여 결재를 득해야 하므로 중요한 서류이다. 실습일지에는 수업참관 기록, 수업진행, 학급경영에 대한 내용 등이 기록되고 관리되며 실습 종료 후 학교에 제출하거나 차후에 참고할 자료가 될 수 있다.

(4) 필기구 및 노트

교생실습 기간 동안 교과목 담임의 수업참관을 통해 필요한 내용을 기록하거나 매일 매일 중요한 사항에 기록하여 참고할 수 있는 자료가 된다. 또한 다른 교생선생님의 수업참관시 메모할 사항을 기록하여 자신을 조명할 수 있는 기회가 된다.

(5) 수업시연을 위한 준비사항

교생실습 동안 가장 중요한 것은 실제로 자신이 수업을 진행하는 것이다. 1시간 수업시간은 상당히 긴 시간이므로 자신이 직접 수업을 진행하려면 철저한 수업준비가 필요하다. 이를 위해서는 수업에 필요한 자료(PPT, 학생들에게 제공할 수업자료 출력 등)를 준비하여 수업에 차질이 없도록 해야 한다. 자신이 수업하는 장면을 동영상으로 촬영해 수업의 문제점을 분석하여 수정할 수 있도록 해야 한다. 알찬 수업을 통해 학생들에게 멋진 교생선생님으로 기억되게 할 필요성이 있다.

2. 수업효과를 높이는 방법

첫째, 사전준비를 한다. 50분 수업진행은 상당한 심혈을 기울여야 하므로 어려움이 따르게 된다. 그러므로 수업을 하기 전에 교실에서 수업에 필요한 사항을 점검한다.

둘째, 수업분위기를 조성한다. 본격적인 수업에 앞서서 수업을 위한 동기유발을 위해서 수업분위기를 조성하여 수업의 참여도를 높일 수 있게 해야 한다.

셋째, 본시수업에 필요한 방향설정과 차시에 대한 예고가 필요하다. 그러므로 이번 차시에 대한 학습목표를 제시하여 학생들의 이해도를 높인다. 아울러 다음 수업시간에 배울 내용에 대한 예고가 필요하다.

넷째, 차분하게 수업을 진행하다. 교단에 처음 서게 되면 많은 긴장을 하게 되어 수업진행에 어려움이 따르게 된다. 그러므로 마음을 가다듬고 차분한 어조와 열정적인 모습으로 수업을 진행하는 것이 학생들에게 전달되도록 최선을 다해야 한다.

다섯째, 수업을 시작하기 전에 대상이 되는 학급의 분위기를 파악할 필요가 있다. 즉, 학급구성원들의 성향과 성취도 수준, 학생인원 등을 파악하여 학습특성이 반영되어 수업을 진행하면 학습에 대한 성취도를 높일 수 있다.

여섯째, 학생들과 상호작용 및 교감이 필요하다. 교사의 일반적인 수업진행보다는 학생들의 질문과 교사의 답변을 통해 활발한 수업이 진행 및 토론이 필요하다.

3. 학생과의 교감하는 방법

첫째, 교사의 발음이 정확해야 한다. 즉, 수업진행에 정확한 발음으로 전달이 용이하고, 수업진행 상황에 따라 목소리의 높낮이를 조절하고 수업진행 속도도 조절할 필요가 있다.

둘째, 교사의 목소리가 부드럽게 전달되어야 한다. 목소리가 너무 딱딱하고 무거운 목소리와 지나친 존칭은 수업분위기를 무겁게 할 수 있다. 그러므로 물 흐르듯이 자연스럽게 수업을 진행하는 것이 바람직 하다.

셋째, 수업시간에 사투리 사용을 지양하고 표준말을 사용하도록 해야 한다. 표준말을 사용하지 않으면 학생들이 수업내용을 이해하지 못하는 경우도 발생하여 수업분위기와 수업효과를 저해시킬 수 있다.

넷째, 교사의 시선처리가 중요하게 된다. 수업시간에 허공을 바라보거나, 시선처리가 부자연스럽게 되면 수업분위기가 어수선하게 된다. 특히 수업시간에 학생과의 교감을 위해서는 학생들과 눈높이를 같이할 시선처리가 자연스럽게 되어야 수업효과가 높아지게 된다.

다섯째, 학생과의 커뮤니케이션이 잘 이루어져야 한다. 학생들의 질문을 잘 듣고 그에 대한 대답을 정확하게 할 필요가 있으며, 혹시 질문한 내용에 대한 정확한 답을 제시하지 못할 경우 차시에 질문에 답을 하겠다는 약속을 할 필요성이 있다. 학생 질문에 대한 답을 잘 모르는 상황에서 대충 얼버무려서는 안 된다.

제2절 교생실습의 학습지도안 사례

1. 회계원리와 교수 · 학습 지도안

0000학년도

(회계원리)와 교수 · 학습 지도안

단원명	Ⅰ. 회계의 기초 개념
일시	0000년 00월 00일 1교시
대상	1학년 8반 (22명)
장소	1학년 8반 교실
지도교사	○ ○ ○ 선생님
교생	○ ○ ○

○ ○ 여자고등학교

목 차

Ⅰ. 단 원 명

1. 대단원 : 회계의 기초 개념
2. 중단원 : 거래와 회계의 순환 과정
3. 소단원 : 회계의 순환 과정

Ⅱ. 단원 (Ⅰ. 회계의 기초 개념) 개관

세계에서 대표적인 부자로 손꼽히는 워런 버핏(Warren Buffett)은 "자녀의 미래를 위해 무엇을 가르쳐야 하나요?"라는 질문에 "당연히 회계지요! 회계는 비즈니스의 언어라고 할 수 있으니까요!"라는 말을 했다고 한다.

요즘 많은 기업에서 회계를 모르는 경우 승진 대상에서 제외된다는 이야기도 들리는데, 회계를 어렵게만 생각하지 말고 자신의 미래를 위해 익힐 필요가 있다.

이 단원에서는 회계의 가장 기본적인 용어와 구성 요소, 분개 등을 학습한다.

Ⅲ. 단원 (Ⅰ. 회계의 기초 개념) 목표

1. 회계의 의의와 목적을 이해할 수 있다.
2. 회계의 가장 기본적인 용어와 구성요소를 이해할 수 있다.
3. 거래를 분개하여 전기할 수 있고, 회계의 순환 과정을 설명할 수 있다.
4. 회계윤리의 중요성을 설명할 수 있다.

Ⅳ. 단원 구성

대영역	중영역	비고
Ⅰ. 회계의 기초 개념	1. 회계의 의의와 목적	
	2. 회계의 분류	
	3. 회계의 구성 요소	
	4. 거래와 회계의 순환과정	본시
	5. 회계 윤리	
Ⅱ. 자산의 회계 처리	1. 유동 자산의 회계 처리 2. 비유동 자산의 회계 처리	
Ⅲ. 부채·자본의 회계 처리	1. 유동 부채의 회계 처리 2. 비유동 부채의 회계 처리 3. 자본의 회계 처리	
Ⅳ. 수익과 비용의 회계 처리	1. 수익의 회계 처리 2. 비용의 회계 처리 3. 법인세 회계 처리	
Ⅴ. 결산	1. 결산의 의의와 절차 2. 재무제표 작성	

V. 단원 (I. 회계의 기초 개념) 지도상 유의점

1. 지도상 유의점

1) 전시 학습과 연계된 수업을 진행함으로써 학생들이 보다 쉽게 이해할 수 있도록 한다.
2) 일방적이고 지루한 수업 진행을 피하기 위하여 활발한 발표를 유도하거나, 강조한 부분에 대한 반복 암송을 통해 학생들의 적극적이고 능동적인 수업태도를 기를 수 있도록 한다.
3) 학생들에게 주어진 거래에 대해 힌트를 제공함으로써 스스로 분개를 해낼 수 있게 유도한다.
4) 전기를 할 때 학생들이 꼭 짚고 넘어가야 할 사항들에 대해 정확히 지도하도록 한다.

2. 교수-학습 방법

1) 전시 학습과 연계된 수업이므로 암송 등을 통해 학생들과 함께 수업을 진행하는 상호작용하는 방식으로 수업을 진행한다.
2) 문제를 직접 풀어주지 않고 힌트만 주어준 후 그것을 바탕으로 스스로 풀 수 있게끔 지도한다.
3) 의심적인 부분이나 어려운 부분에 대해서는 학생들의 이해정도를 파악하고 만족하지 못한 결과 발생 시 다시 설명함으로써 피드백 한다.

3. 평가방법

단순한 교사의 강의로 수업이 끝나는 것이 아니라 형성평가를 통해 학생들의 수업에 대한 이해정도를 확인하고, 학생들의 학습 성과를 극대화 시키도록 한다.

수업 중간에 질문을 함으로써 학생들의 기억을 상기시켜 문제풀이에 도움을 주고, 수업 말미에 형성평가를 통하여 중요한 개념의 이해를 극대화 시킨다. 형성평가는 수업 중 설명한 유의점이나 중요한 부분을 포함시켜, 비교적 쉬우면서도 수업의 핵심을 묻는다.

마지막으로 학생들에게 수업시간에 강조했던 부분을 암송하도록 하여 학생들의 수업태도를 점검하고, 목표달성 정도를 확인하도록 한다.

Ⅵ. 본시 학습지도 계획

1. 학습단원

Ⅰ. 회계의 기초 개념
  4. 거래와 회계의 순환 과정
    4-3. 분개
    4-4. 전기

2. 학습지도 목표

① 회계의 순환 과정을 설명할 수 있다.
② 거래를 분개하여 전기할 수 있다.

3. 학습자료

▶ 학생 : 교과서(55pg)
▶ 교사 : 교과서(55pg), 참고자료, 형성평가지

4. 본시 학습

중영역	소영역	비고
4. 거래와 회계의 순환 과정	4-3. 분개 / 4-4. 전기	

Ⅶ. 본시 학습지도안

(회계원리)와 학습지도안

<table>
<tr><td>단원</td><td colspan="2">Ⅰ. 회계의 기초개념
4. 거래와 회계의 순환과정</td><td>차시</td><td>3/5</td><td>대상</td><td>1 - 8</td><td>교육 실습생</td><td>○○○</td></tr>
<tr><td>학습목표</td><td colspan="8">① 회계의 순환 과정을 설명할 수 있다.
② 거래를 분개하여 전기할 수 있다.</td></tr>
<tr><td rowspan="2">학습자료</td><td colspan="4">교사</td><td colspan="4">학생</td></tr>
<tr><td colspan="4">교과서(55pg), 색분필, 자, Power Point, 형성평가지</td><td colspan="4">교과서(55pg),
필기구(*빨간색 볼펜 필수), 자</td></tr>
</table>

<table>
<tr><td rowspan="2">단계</td><td rowspan="2">시간</td><td rowspan="2">학습 내용</td><td colspan="2">교수 - 학습 활동</td><td rowspan="2">학습 자료 (♡) 및 유의점 (♥)</td></tr>
<tr><td>교사 활동</td><td>학생 활동</td></tr>
<tr><td rowspan="3">도입</td><td rowspan="3">5분</td><td>수업 준비</td><td>• 수업 준비 자세를 확인
• 인사 및 출석 확인</td><td>• 수업 준비
• 인사</td><td></td></tr>
<tr><td>학습 목표 제시</td><td>• 학생들이 다 같이 학습목표를 읽도록 지도한다.
〈학습 목표〉
- 회계의 순환 과정을 설명할 수 있다.
- 거래를 분개하여 전기할 수 있다.</td><td>• 큰 소리로 학습목표를 읽으며함께 확인한다.</td><td>♡ PPT</td></tr>
<tr><td>전시 학습 확인</td><td>• 지난 시간에 배운 내용에 대해 질문을 한다.
- 분개의 개념 및 방법
- 전기의 개념 및 방법</td><td>• 지난 시간에 배운 내용을 정리하며 선생님이 질문하면 대답한다.</td><td>♡ PPT
♥ 질문을 통해 전시학습을 상기시킨다.</td></tr>
</table>

전개	35분	학습 동기 유발	• 다 같이 '거래의 10요소' 와 '전기 방법'을 암송하도록 지도한다.	• 다른 친구들과 속도를 맞추어 큰 소리로 암송한다.	♥학생들이 흥미를 가질 수 있도록 유도한다.
		거래 발생 → 분개	• 회계상의 거래이면, 계정과목을 결정하여 거래의 10요소에 맞게 차변과 대변으로 분리시킬 수 있도록 지도한다.	• 선생님이 주시는 힌트를 잘 듣고 올바르게 분개를 한다.	♡ 교과서, PPT ♥연속거래임을 학생들에게 확실히 인식시킨다.
		분개 → 전기	• 총계정 원장의 해당계정에 전기하기 전에 계정과목이 유동성 배열의 원칙에 의해 기재되어 있음을 우선적으로 인식시켜 주도록 한다. • 총계정 원장은 계정과목당 하나씩만 그린다는 것을 정확히 지도한다. • 전기를 하기 전, 한 번 더 전기 방법을 암송하고 시작하도록 지도한다. • 연속거래임을 다시 한 번 상기시켜 주어 날짜순서대로 기입할 수 있게끔 지도한다.	• 선생님의 설명을 잘 듣고 난 후, 올바르게 전기를 한다.	♡교과서, PPT ♥학생들에게 주어진 거래에 대해 힌트만을 제공함으로써 스스로 분개를 해낼 수 있도록 유도한다. ♥전기를 할 때 학생들이 꼭 짚고 넘어가야 할 사항들에 대해 정확히 지도하도록 한다.
정리	10분	정리 및 평가	• 우리 단원에 맞지 않아 아직은 배우지 않았지만 이렇게 분개 후 전기를 하여 원장에 옮기고 나서 알맞게 옮겼는지 확인하는 표인 '시산표'가 있다. 그리고 이에 따라 결산정리 분개를 하고, 수정 후 시산표를 작성해 장부를 마감함으로써 재무제표를 작성하게 되는데 이 과정이 중단원 초반에서 자주 봤던 회계의 순환과정이라는 것을 인식시켜 준다. • 수업 내용의 이해도를 확인하기 위해 형성평가를 실시하도록 한다.	• 선생님의 수업 마무리 내용을 귀담아 들으면서 회계의 순환과정을 총 정리한다. • 형성평가를 배운 내용에 기초해서 열심히 푼다.	♡PPT, 형성평가지
		차시 예고	• 다음 시간에는 복잡한 분개장을 대신하는 '전표'에 대해 수업을 할 것 임을 예고한다.	• 차시예고를 들으며 수업을 마무리 한다.	♡PPT

Ⅷ. 형성평가

1. 다음 거래를 보고 분개를 한 후 총계정 원장에 전기하시오.

5/ 1 현금 ₩100,000을 출자하여 영업을 개시하다
5/ 5 선명상사가 상품 ₩100,000원을 매출하고,
대금 중₩30,000은 현금으로 받고, 잔액은 외상으로 하다.

답 [분개]

5/ 1	(차) 현 금	₩100,000	/	(대) 자본금 ₩100,000
5/ 5	(차) 현 금	₩ 30,000	/	(대) 상 품 ₩100,000
	외상매출금	₩ 70,000		

2. 다음은 회계의 순환과정이다. 빈칸에 들어갈 알맞은 용어를 적으시오.

※ 거래 발생 ⇒ ( ) ⇒ ( ) ⇒ 수정 전 시산표 ⇒ 결산 정리 분개 ⇒ 수정 후 시산표 ⇒ 장부 마감 ⇒ ( )

답 분개장, 총계정 원장, 재무제표

2. 정보처리와 관리 교수 · 학습 지도안

0000학년도

정보 처리와 관리 교수 · 학습 지도안

결재	지도교사	부장	교감	교장

단 원	Ⅰ. 정보 산업과 정보 윤리 3. 정보 윤리와 정보 보호
일 시	2019년 5월 28일 (화) 6교시
장 소	1학년 기계2반
대 상	1학년 기계2반 학생 대상
지도교사	○ ○ ○ 선생님
교 생	○ ○ ○

○○ 공 업 고 등 학 교

목 차

Ⅰ. 교재 및 단원명

1. 교재

교재명	정보 처리와 관리
지은이	최종대 · 박경은 · 김민경 · 김순정 · 김세헌 · 김인식
출판사	씨마스

2. 단원명

대단원	Ⅰ. 정보 산업과 정보 윤리
중단원	3. 정보 윤리와 정보 보호
단원목표	1. 정보 윤리의 개념 및 중요성과 기본 원칙을 이해할 수 있다. 2. 정보 보호의 개념과 중요성을 이해할 수 있다. 3. 개인 정보 보호와 지식 재산권의 중요성을 알고 실천할 수 있다. 4. 올바른 정보 보호 방법을 알고 컴퓨터 바이러스와 해킹 등에 대처할 수 있다.

Ⅱ. 교과 교육과정의 분석

1. 교과 교육과정의 성격

'정보 처리와 관리'는 특성화 고등학교 및 마이스터 고등학교 학생들이 선택하여 정보 기술에 대한 일반적인 지식과 기술을 습득한 후, 응용 소프트웨어를 활용하여 실생활에서 많이 사용하는 자료와 정보를 처리하는 실무 능력을 키울 수 있도록 구성한 과목이다. 이 과목은 컴퓨터가 단순하게 연산만 수행하는 기계가 아니라 정보 통신 기술과 결합하여 지식 정보 사회에서 꼭 필요한 컴퓨터 및 정보 통신 활용 능력을 길러주는 것을 목적으로 한다. 이 과목에서 이수해야 할 내용은 정보 산업과 정보 윤리, 워드프로세서 실무, 스프레드시트 실무, 프레젠테이션 실무, 데이터베이스 실무, 문서 공유와 활용 등으로 산업 현장에서 직무를 효율적으로 수행할 수 있도록 교육하여야 한다.

2. 교과 교육과정의 목표

'정보 처리과 관리' 과목의 목표는 정보 산업과 정보 윤리에 대한 일반 지식을 습득하고, 기본문서 작성 방법, 문서 공유와 활용 방법 등을 익혀 기업에서 필요한 실무 문서 작성 및 종합 보고서를 작성할 수 있는 능력과 태도를 기르는 데 있다.

이 과목을 통하여 구현하고자 하는 구체적인 목표는 다음과 같다.

1) 현대 산업 사회에서 정보 기술의 역할과 기능을 이해하고, 정보 기술의 발전과 더불어 다른 산업 분야와의 융합으로 실생활과 산업에 커다란 영향을 주고 있음을 파악하며, 현재 많이 사용되고 있는 정보 기술을 중심으로 과거와 미래를 조망하고, 어떻게 활용할지를 알 수 있다.
2) 정보 산업과 정보 윤리를 이해하고 응용 소프트웨어를 실생활에서 적용하는 방법을 배우며, 지식 정보 사회를 살아가는 올바른 태도를 기른다.
3) 컴퓨터를 일상생활에 직접적으로 활용할 수 있도록 스스로 참여하여 컴퓨터를 조작하고, 기업체에서 많이 사용하는 응용 소프트웨어를 활용할 수 있도록 한다. 문서 공유와 실무문서 및 종합 보고서 작성 방법을 익혀 산업체 현장에서 활용이 가능한 정보 처리와 활용능력을 갖추도록 한다.

3. 교과 교육과정 내용

1) 내용 체계

'정보 처리와 관리' 과목의 내용은 앞에서 제시한 과목의 성격과 목표를 최대한 달성시키고, 전문 기술인 교육에 대한 국가·사회 및 개인의 요구에 충실하게 부응한다는 기본 원칙에 따라 다음과 같은 내용 체계로 구성되었다.

내용 영역	내용 영역 요소
정보 산업과 정보 윤리	• 정보 산업의 발전 • 산업과 정보 기술 • 정보 윤리와 정보 보호
워드프로세서 실무	• 기본 문서 작성 • 공문서 작성 • 실무 문서 작성
스프레드시트 실무	• 기본 시트 작성 • 실무 문서 작성 • 데이터 분석과 보고서 작성
프레젠테이션 실무	• 제안서 작성 • 프레젠테이션 제작 • 프레젠테이션 발표
데이터베이스 실무	• 데이터베이스 작성 • 보고서 작성 • 자동화 문서
문서 공유와 활용	• 온라인 공동 문서 작성과 공유하기 • 스마트 기기와 문서 활용

2) 영역별 성취기준

(1) 정보 산업과 정보 윤리

(가) 정보 산업의 발전

- 정보 산업의 개념과 정보 기술이 현대 산업과 미래 사회에 중요한 역할을 하고 있음을 이해하고, 정보 산업의 발전 과정과 전망을 설명할 수 있다

(나) 산업과 정보 기술

- 실생활에서 찾을 수 있는 정보 기술 사례를 탐구하여 이해할 수 있도록 하고, 정보 산업이 모든 산업 분야와 융합되어 발전되고 있음을 이해하고 관련 신기술을 설명할 수 있다.

(다) 정보 윤리와 정보 보호
- 정보 윤리와 정보 보호의 개념과 중요성을 실제 사례를 중심으로 이해하고, 개인 정보보호와 지식 재산권, 컴퓨터 바이러스와 해킹 등의 문제점을 파악하여 개선 방안을 말할 수 있다.

(2) 워드프로세서 실무
(가) 기본 문서 작성
- 워드프로세서의 기능을 익혀 실생활에서 사용하는 기본적인 문서를 작성할 수 있다.

(나) 공문서 작성
- 기안문과 공문서의 내용 구성과 용도를 이해하고 작성할 수 있다.

(다) 실무 문서 작성
- 산업체에서 사용하는 실무 문서의 내용 구성과 용도를 이해하고 특정 주제의 문서를 종합적으로 작성하고 발표할 수 있다.

(3) 스프레드시트 실무
(가) 기본 시트 작성
- 스프레드시트의 개념을 이해하고 간단한 시트를 작성할 수 있다.

(나) 실무 문서 작성
- 기업에서 사용하는 품의서, 추산서 등 실무 문서의 내용 구성과 용도를 이해하고 특정주제의 실무 문서를 종합적으로 작성할 수 있다.

(다) 데이터 분석과 보고서 작성
- 특정 주제에 대한 자료 조사를 통하여 데이터 분석과 보고서를 자기 주도적으로 작성할 수 있다.

(4) 프레젠테이션 실무
(가) 제안서 작성
- 프로젝트 관리의 개념과 과정을 이해하고 아이디어를 제안하는

보고서를 작성하는 과정에서 파워포인트 기능을 활용할 수 있다.

(나) 프레젠테이션 제작

- 특정 주제에 대한 프레젠테이션 제작 절차를 이해하고 종합적인 보고서를 작성할 수 있다.

(다) 프레젠테이션 발표

- 프레젠테이션의 방법과 태도를 익히고 종합 보고서를 발표할 수 있다.

(5) 데이터베이스 실무

(가) 데이터베이스 작성

- 데이터베이스의 개념을 이해하고 데이터베이스의 테이블, 쿼리, 폼을 작성하는 기능을 익혀 조건에 맞는 정보를 작성하고 관리할 수 있다.

(나) 보고서 작성

- 데이터베이스에 저장된 자료에서 필요로 하는 내용만을 선택하여 다양한 형태의 출력 보고서를 작성할 수 있다.

(다) 자동화 문서

- 매크로와 모듈을 이해하고 그 기능을 사용하여 자동화하는 문서를 작성할 수 있다.

(6) 문서 공유와 활용

(가) 온라인 공동 문서 작성과 공유하기

- 온라인상에서 공동으로 문서를 작성하는 방법과 작성된 문서를 공유하는 방법을 익히고, 온라인상에서 실시간으로 공유되는 문서를 작성할 수 있다.

(나) 스마트 기기와 문서 활용

- 휴대전화나 노트패드 등 스마트 기기에서 문서를 작성하고, 작성된 문서를 스마트기기에서 활용할 수 있다.

3. 교과 교육과정 교수 · 학습

1) 정보 산업의 발달은 사회의 모든 영역에 영향을 주고 있으며 우리 생활에 많은 변화를 주고 있다. 따라서 학생들에게 정보 기술과 컴퓨터를 이해하고 실무 문서 작성과 프로젝트 수행 능력을 습득하게 하여 정보 사회를 이끌어 갈 수 있도록 창의적이고 진취적인 학생들을 길러 낼 수 있는 방향으로 교수·학습이 이루어져야 한다.
2) 기본적인 개념과 원리를 이해하고 실무에 활용할 수 있도록 하며, 전공에 따라 난이도 조절과 지도 내용의 비중을 달리하여 지도한다.
3) 학생의 성취 수준 및 요구, 학교의 실정, 지역 사회의 여건 등을 고려하여 지도의 비중을 달리하여 지도한다.
4) '정보 산업과 정보 윤리' 영역에서는 정보 기술이 실생활과 산업 분야에서 어떠한 영향을 주고 융합 발전하는지를 알아볼 수 있도록 하고, 정보 윤리와 정보 보호의 중요성을 인식하고, 개인 정보 보호의 필요성과 지식 재산권의 중요성을 이해하고 정보 보호 대책과 방안을 탐색하여 문제점을 발견하고 개선할 수 있는 능력을 키울 수 있도록 지도한다.
5) '워드프로세서 실무' 영역에서는 워드프로세서 기능을 실무 문서를 작성하면서 습득할 수 있도록 하며, 생활 문서, 공문서, 실무 문서 작성 능력을 습득하고 특정 주제에 대한 보고서를 체계적이고 논리적으로 작성할 수 있도록 지도한다.
6) '스프레드시트 실무' 영역에서는 엑셀 기능을 기업에서 사용하는 업무 문서를 작성하는 과정에서 습득할 수 있도록 하며, 특정 주제에 대한 자료 조사를 통해 데이터 분석과 보고서를 작성할 수 있도록 지도한다.
7) '프레젠테이션 실무' 영역에서는 제안서 작성 능력을 배우고, 새

로운 아이디어를 프레젠테이션 문서로 작성하고 발표 및 토의식 수업을 통하여 의사소통 능력을 키울 수 있도록 지도한다.

8) '데이터베이스 실무' 영역에서는 대량의 자료를 관리할 수 있고, 필요한 형태의 보고서를 작성할 수 있도록 하며, 모듈을 이용하여 프로그래밍 할 수 있도록 지도한다.

9) '문서 공유와 활용' 영역에서는 온라인상에서의 공동 문서 작성과 공유하기, 스마트 기기를 통한 문서 활용 능력을 지도한다.

4. 교과 교육과정 평가

1) 교과 내용에서 제시된 각종 원리와 개념 등에 대한 평가는 단순하고 지엽적인 문제보다는 창의적인 사고와 실용적인 면에 중점을 두고 실시한다.

2) 영역별로 제시된 학습 목표에 따른 단순 이해력을 평가하는 지필 평가 방식에서 벗어나 학습자의 자기 주도적인 탐구 활동, 조사 활동, 프로젝트 작성 및 관리, 발표 및 토론 등의 일정한 성취기준에 따라 평가할 수 있도록 한다.

3) '정보 산업과 정보 윤리' 영역에서는 단순한 교과 내용의 지식, 이해 평가를 지양하고 일상생활과 산업 분야에서 실제로 어떻게 활용되고 있는지에 대한 정보 기술과 산업의 융합사례를 수집, 분석, 발표하는 능력과 정보 윤리와 정보 보호 방안에 대한 아이디어를 제안할 수 있는 창의적인 문제 해결 능력을 평가한다.

4) '문서 실무' 영역에서는 실무 문서 작성 능력과 프로젝트 보고서를 제출받고 발표 및 토론 등을 통하여 종합적인 사고 능력, 의사소통 능력, 창의성 등을 평가한다.

5) '문서 공유와 활용' 영역에서는 온라인 공동 문서 작성과 공유하기 등을 통하여 협동 학습을 통한 문서 관리 능력과 의사소통 능력을 평가한다.

Ⅲ. 본시 학습지도안

<table>
<tr><td rowspan="2">수업일</td><td rowspan="2" colspan="2">2019년 5월 28일(화)
6교시</td><td rowspan="2">대 상</td><td rowspan="2" colspan="2">1학년 기계2반</td><td>교 생</td><td>○ ○ ○</td></tr>
<tr><td>지도교사</td><td>○ ○ ○</td></tr>
<tr><td>중단원</td><td colspan="3">[3] 정보 윤리와 정보 보호</td><td>장 소</td><td colspan="3">1학년 기계2반 교실</td></tr>
<tr><td>소단원</td><td colspan="7">1. 정보 윤리 2. 정보 보호</td></tr>
<tr><td>학습
목표</td><td colspan="7">• 정보 윤리의 개념 및 중요성과 기본 원칙을 이해할 수 있다.
• 정보 보호의 개념과 중요성을 이해할 수 있다.
• 개인 정보 보호와 지식 재산권의 중요성을 알고 실천할 수 있다.
• 올바른 정보 보호 방법을 알고 컴퓨터 바이러스와 해킹 등에 대처할 수 있다.</td></tr>
<tr><td>학습
자료</td><td colspan="2">강의용 PPT / 수행 평가지</td><td>교과서
(쪽수)</td><td>20~
27쪽</td><td>시간
(차시)</td><td colspan="2">4 (6~9)</td></tr>
<tr><td rowspan="2">지도단계
(시량)</td><td colspan="5">교수 · 학습 활동</td><td rowspan="2" colspan="2">지도상의 유의점</td></tr>
<tr><td colspan="2">교사</td><td colspan="3">학생</td></tr>
<tr><td>도입
(5′)</td><td colspan="2">■ 모둠별 학습을 위해 학생들에게 모둠을 만들도록지도한다.

■ 지난 시간에 학습한 내용에 대하여 간단히 정리 하고 질문하기

■ 20쪽 상단의 중단원 도입의 삽화와 〈학습 목표〉를 통해 배울 내용에 대해 미리 짐작해 볼 수 있도록 한다.

■ 핵심 질문 “정보 사회에서 정보 윤리와 정보 보호의 실천이 중요한 이유는 무엇일까?”라는 질문을 제시하여 학생들의 학습 동기를 유발한다.</td><td colspan="3">■ 모둠을 만들고 수업준비를 한다.

■ 전시학습에 대하여 생각하고 발표하기

■ 학습목표를 읽으면서 오늘 배울 내용에 대하여 짐작해본다.

■ 교사의 질문에 대하여 생각해보는 시간을 가진다.</td><td colspan="2">• 모둠을 만들 때 소란스러워지지 않도록 주의한다.

• 잘 알려진 정보 보호의 피해 및 대처 사례를 준비하여 수업에 흥미를 유발할 수 있다.

• 쉽게 이해할 수 있는 사진 및 동영상 제시로 학습 동기 유발시키기</td></tr>
</table>

지도 단계 (시량)	교수 · 학습 활동		지도상의 유의점
	교사	학생	
전개 (40 ′)	■ 정보 윤리의 개념과 중요성 / 정보 윤리의 기본 원칙과 행동 규칙 / 지식 재산권의 종류와 보호 방법 등에 대해 설명한다. ■ 정보 보호의 개념과 중요성 / 정보 보호 원칙 / 개인 정보 보호와 해킹과 컴퓨터 바이러스에 대해 설명한다. ■ 교과서 25쪽에 제시된 여러 해킹 기법 및 악성 소프트웨어의 종류에 대해서도 지도한다. ■ 교과서 27쪽 수행평가(저작물 이용 허락 제도 CCL)를 통해 학생들이 모둠별 활동으로 평가지를 풀어본다.	■ 정보 윤리의 개념과 중요성 / 정보 윤리의 기본원칙과 행동 규칙 / 지식재산권의 종류와 보호 방법을 안다. ■ 정보 보호의 개념과 중요성 / 정보 보호 원칙 / 개인 정보 보호와 해킹과 컴퓨터 바이러스에 대해 안다. ■ 교과서 25쪽을 보고 다양한 해킹기법들을 이해하고, 악성 소프트웨어의 종류에 대해서도 알아본다. ■ 모둠끼리 수행평가지를 풀어보면서 저작물 이용 허락 제도에 대하여 배운다.	• 보조단에 제시된 〈용어해설〉, 〈정보TIP〉 등의 보충 · 심화 내용을 본문과 연계하여 함께 설명할 수 있다. • 추가로 제공된 〈과정중심 수행평가지_지식 재산권과 정보 격차〉통해 추가 지도할 수 있다. • 모둠활동으로 주위가 산만해질 수 있으므로 주의를 준다.
정리 (5 ′)	■ 모둠별로 풀어본 평가지를 풀이하면서 학생들에게 정리해준다. ■ 정보 윤리와 정보 보호에 관해 학습한 내용을 강의용 PPT를 활용하여 요약 정리해 줄 수 있다. ■ 다음 학습 차시 예고: 대단원(1단원) 마무리 학습 후에, 2단원 워드프로세서 실무 중 기본 문서 작성에 대한 학습임을 공지한다.	■ 각자 모둠에서 풀었던 평가지가 맞는지 교사의 풀이를 보면서 다시 한번 정리해본다. ■ 정보 윤리와 정보 보호에 관해 학습한 내용을 다시한번 정리하는 시간을 가진다.	

형성평가

1. 보기의 정보처리 단계별 올바른 정보 공유 방법을 올바르게 나열하시오.

〈보기〉	
ㄱ. 정보 생산 단계	ㄴ. 정보 유통 단계
ㄷ. 정보 가공 단계	ㄹ. 정보 폐기 단계

답

2. 다음중 정보 보호의 원칙이 아닌 것은 ? ( )

① 기밀성 ② 가용성

③ 보장성 ④ 무결성

3. 셰어웨어와 프리웨어의 차이점을 설명하시오.

답

4. '개인 정보(Private Data)를 낚는다(Fishing).'라는 의미의 합성어로, 주로 금융 기관이나 유명 전자상거래업체를 사칭해 금융 정보를 빼내는 사기 수법을 무엇이라고 하는지 쓰시오.

답

5. 보기의 악성코드를 바이러스성 악성 코드와 비바이러스성 악성코드를 구별하시오.

답

제3절 현장실습일지

0000년도

학교현장실습일지

소　　속			
학　　번		성　　명	
실습학교			
실습교과		지도교사	
담당학급		담당교사	

○ ○ 대학교

〈학교현장실습생 출결 확인〉

주차	월		화		수		목		금	
1주	월 일		월 일		월 일		월 일		월 일	
	교 생	실습담당	교 생	실습담당	교 생	실습담당	교 생	실습담당	교 생	실습담당
2주	월 일		월 일		월 일		월 일		월 일	
	교 생	실습담당	교 생	실습담당	교 생	실습담당	교 생	실습담당	교 생	실습담당
3주	월 일		월 일		월 일		월 일		월 일	
	교 생	실습담당	교 생	실습담당	교 생	실습담당	교 생	실습담당	교 생	실습담당
4주	월 일		월 일		월 일		월 일		월 일	
	교 생	실습담당	교 생	실습담당	교 생	실습담당	교 생	실습담당	교 생	실습담당

〈실습학교 현황〉

1. 학교 연혁

2. 학교 현황

학 교 명			
소 재 지		전화번호	
학 급 수		학 생 수	
교 직 원			
학교특징			

3. 교육목표

4. 올해의 역점 사업

5. 교육환경 및 학교 특징

〈 수업시간표 〉

	월	화	수	목	금
1교시					
2교시					
3교시					
4교시					
5교시					
6교시					
7교시					
8교시					
9교시					

〈 실습계획 〉

<table>
<tr><th>실습유형</th><th>주차</th><th>일자</th><th>학교행사</th><th>실습계획</th></tr>
<tr><td rowspan="11">참관
및
수업
실습주간</td><td rowspan="5">1</td><td></td><td></td><td></td></tr>
<tr><td></td><td></td><td></td></tr>
<tr><td></td><td></td><td></td></tr>
<tr><td></td><td></td><td></td></tr>
<tr><td></td><td></td><td></td></tr>
<tr><td rowspan="6">2</td><td></td><td></td><td></td></tr>
<tr><td></td><td></td><td></td></tr>
<tr><td></td><td></td><td></td></tr>
<tr><td></td><td></td><td></td></tr>
<tr><td></td><td></td><td></td></tr>
<tr><td></td><td></td><td></td></tr>
<tr><td rowspan="10">수업과
실무실습
주간</td><td rowspan="5">3</td><td></td><td></td><td></td></tr>
<tr><td></td><td></td><td></td></tr>
<tr><td></td><td></td><td></td></tr>
<tr><td></td><td></td><td></td></tr>
<tr><td></td><td></td><td></td></tr>
<tr><td rowspan="5">4</td><td></td><td></td><td></td></tr>
<tr><td></td><td></td><td></td></tr>
<tr><td></td><td></td><td></td></tr>
<tr><td></td><td></td><td></td></tr>
<tr><td></td><td></td><td></td></tr>
</table>

* 실습 기간 동안 매일 기록하고, 지도교사, 부장선생님, 교감선생님 등의 결재득함

〈학교현장실습 일지〉

지도교사			
교과담임	학급담임		

0000년 00 월 00일 요일			
주요행사 및 계획			
활동 / 영역	활동내역(관찰, 참가, 조사, 연구, 실습, 기타)		
연구 및 학습지도			
학급경영 및 생활지도			
기타 활동			
반성 및 소감			
내일의 계획		지도교사 조언내용	

〈수업참관 체크리스트〉

0000년 00월 00일 요일 00교시

수업 구분	( )교사수업/( )실습생 수업	담당교사	
학년		학생수	
단원			

단계	항목	세부항목	예	아니오
도입	전시학습상기	전시학습과 본시학습을 적절히 관련시키는가?		
	목표진술	수업의 핵심적인 내용을 목표로 제시하는가?		
	동기유발	학생의 동기유발 방법이 적절하고 다양한가?		
전개	수업조직	수업 목표와 관련된 핵심내용이 제시되는가?		
		학습요소별로 시간을 잘 분배되는가?		
		학생의 수준에 맞게 내용을 적절히 구조화하여 제시하는가?		
		학생에게 수업참여 기회는 충분히 제공되는가?		
		학습과제가 단원순서와 학생수준에 맞게 제시되는가?		
	설명과 시연	수업 내용을 설명할 때 적절한 예시를 사용하는가?		
		학생들이 이해할 수 있는 적절한 용어를 사용하는가?		

단계	항목	세부항목	예	아니오
	질문	수업의 핵심 내용에 관련된 질문을 하는가?		
		질문을 한 후 응답시간을 충분히 주는가?		
		학생들의 사고력과 창의력 자극하는 질문을 하는가?		
	강화 및 피드백	격려와 칭찬을적절히 활요하는가?		
		명확하고 구체적인 피드백을 사용하는가?		
	연습	연습에 앞서서 교사가 시범을 보이는가?		
		학생에게 알맞은 연습량을 제공하는가?		
	모듬지도	학습내용에 맞게 모듬을 조직하는 방법은 적절한가?		
		모듬에 적절한 활동을 부여하는가?		
	개별화 지도	학생들이 스스로 선택한 활동을 할 수 있도록 배려하는가?		
정리 및 평가	요약 및 정리	개인차에 관심을 가지고 있으며, 이를 고려하는가?		
		수업의 주요내용들이 구조화되어 정리되는가?		
		본시 내용과 관련하여 차시 학습 내용이 안내되는가?		
	평가	전시학습 내용에 대한 점검이 이루어지는가?		
		수업 중 학습내용 확인을 위한 평가가 시행되는가?		

<table>
<tr><th>단계</th><th>항목</th><th>세부항목</th><th>예</th><th>아니오</th></tr>
<tr><td rowspan="8">기타평가사항</td><td rowspan="5">외적 영역</td><td>교사의 옷차림은 깨끗하고 단정한가?</td><td rowspan="5"></td><td rowspan="5"></td></tr>
<tr><td>목소리는 분명하고 생기가 있는가?</td></tr>
<tr><td>시선 처리는 적절한가?</td></tr>
<tr><td>판서의 글씨는 필체가 바르고 크기가 알맞은가?</td></tr>
<tr><td>PPT 등 멀티미디어 파일의 활용은 적절한가?</td></tr>
<tr><td rowspan="3">내적 영역</td><td>학생들의 말이나 질문을 존중하는가?</td><td rowspan="3"></td><td rowspan="3"></td></tr>
<tr><td>학습활동에 편안히 참여할 수 있는 분위기가 조정되는가?</td></tr>
<tr><td>교사주도의 일방적 수업이 아닌 교사/학생 간의 상호작용이 활발한가?</td></tr>
<tr><td>우수한 점</td><td colspan="4"></td></tr>
<tr><td>종합 의견</td><td colspan="4"></td></tr>
</table>

〈수업 참관 기록〉

0000년 00년 00일 00요일 00교시

<table>
<tr><td colspan="2">수업구분</td><td></td><td>담당교사</td><td></td></tr>
<tr><td colspan="2">학 년</td><td></td><td>학생수</td><td></td></tr>
<tr><td colspan="2">단 원</td><td colspan="3"></td></tr>
<tr><td rowspan="3">수업 진행</td><td>도입</td><td colspan="3"></td></tr>
<tr><td>전개</td><td colspan="3"></td></tr>
<tr><td>정리</td><td colspan="3"></td></tr>
<tr><td rowspan="3">수업 설계</td><td>목표설정
및
학습방법</td><td colspan="3"></td></tr>
<tr><td>교사와
학생의
상호작용</td><td colspan="3"></td></tr>
<tr><td>평가 방법
/ 기타</td><td colspan="3"></td></tr>
<tr><td>소감</td><td colspan="4"></td></tr>
</table>

〈학생 상담 기록지〉

상담학생	(　　)학년 (　　)반　/　이름:
학생관찰 및 상담내용	
상담 결과 평가	
이후 상담 계획	

〈학교현장실습에 대한 자기 진단 내용〉

영역	자기 진단 내용	평정				
		5	4	3	2	1
수업활동	1. 수업 참관 및 수업 분석에 자신감이 생겼다.					
	2. 교수-학습 과정안 작성에 자신감이 생겼다.					
	3. 수업을 효과적으로 진행한 데 자신감이 생겼다.					
	4. 교과 학습 활동을 평가하는데 자신감이 생겼다.					
생활지도	1. 학생과 원활한 의사소통을 하는 방법을 파악했다.					
	2. 학생들의 문제를 차악하고 지도하는 데 자신감이 생겼다.					
	3. 학생들의 학업 지도에 자신감이 생겼다.					
	4. 학생들의 여가 선용 지도에 자신감이 생겼다.					
	5. 학생들의 사회성 지도에 자신감이 생겼다.					
학내활동 지도	1. 학생들의 자율 활동에 대하여 이해하는데 자신감이 생겼다.					
	2. 학생들의 동아리활동 참여를 통하여 학생들의 자기계발 활동을 이해하는데 자신감이 생겼다.					
	3. 다양한 학내외 행사 및 봉사활동에 대하여 이해하는데 자신감이 생겼다.					
	4. 학생들의 진로 활동에 대하여 이해하는데 자신감이 생겼다.					
학급경영	1. 교사의 학급경영 목표와 학생 지도 방침을 파악하는 데 자신감이 생겼다.					
	2. 학급의 특색사업이나 학생 조직의 구성에 자신감이 생겼다.					
	3. 담임교사가 학생과 의사소통하는 방법을 이해하는 데 자신감이 생겼다.					
	4. 담임교사가 학부모와 의사소통하는 방법을 이해하는 데 자신감이 생겼다.					
학교현장 실습에 대한 전반적인 소감						

〈학교현장 실습 평가회 주요 내용〉

□ 학교현장실습 평가회: 0000년 00월 000일
(장소 :)

〈학교현장 실습 후기(소감)〉

□ 학교현장실습 소감

핵심정리

- 교생실습은 교사가 되기 위해서 대학에서 배운 교직과목을 토대로 실제 학교현장에서 경험을 통해 교사의 길에 대한 체험을 하게 되는 것이다.
- 교생실습에 필요한 준비사항은 단정한 옷차림, 명찰과 실내화, 실습일지, 필기구 및 노트, 수업시연을 위한 준비사항 등이다.

참고문헌

국내문헌

강경종 외 (1999), 전문계 고등학교 교사의 산업체 연수 방안, 교육부 정책연구과제 보고서.

김계현 (2009), 학교상담과 생활지도, 학지사.

강무섭 (1999), 고등학교 교육체제 개편방안: 전문계 고등학교를 중심으로, 전문계 고등학교 종합대책 대토론회 자료집, 서울: 한국직업능력개발원.

김상진 (2005), 2005학년도 중등교원 학습지도 연구대회 회계원리 교수·학습계획안, 경상남도 교육청.

김상호 외 (1997), 전문계 고등학교의 평가모형 개발에 관한 연구, 직업교육연구, 16 (1), 31-50.

김성수·이용환 (1996), 교육개혁 실천과 실업교육의 진로, 직업교육관련 학회 및 교장회 공동세미나 자료집.

김영돈 (1975), 학급경영론, 정문사, p. 121.

김정한·박종흡·우상기 (2006), 교육행정 및 학교경영, 형설출판사.

김종수 (2012), 교사와 학생이 지각하는 수업평가요인 분석, 한국교원대학교 대학원.

김재식 (1999), 전문계 고등학교 교원정책의 개선방향, 직업교육훈련, 2(4), 35-41.

김재식 외 (1998), 학교와 산업체간 지식/기술 확산·공유를 위한 산학협력 정책에 관한 연구, 교육부 정책연구과제 보고서.

김재윤 (1982), 교육원리, 재동문화사.

김정민 (2005), 2005학년도 중등교원 학습지도 연구대회 회계원리 교수·학습계획안, 경상남도 교육청.

김종식·학급경영연구회 (2004), 학급경영의 이론·연구·실제, 교육과학사.

김종철 (1983), 교육행정의 이론과 실제, 교육과학사, p. 19.

김판욱 외 (1999), 전문계 고등학교 교육과정 편성 · 운영 체제 개선에 관한 연구: 농 · 공 · 상업계 고등학교의 이론 · 실습 통합교과 운영을 중심으로, 서울: 교육부.

김현희 (2007), 상업정보교육의 발전방안에 관한 연구, 조선대학교 교육대학원.

김홍삼 (2008), 교육청 수업평가 기준과 교사들이 지각하는 수업평가 기준 비교 연구, 한국교원대학교 교육대학원,

구자억 외 (1998), 교육개혁 지역연구: 21세기를 향한 세계의 교육, 한국교육개발원.

권기욱 · 이향옥 (2007), 학급경영의 이해, 도서출판 보현사.

교육부 (1998), 제7차 교육과정 연수교재, 서울: 교육부.

교육부 (1999), 창조적 지식기반국가건설을 위한 교육발전 5개년 계획(시안), 서울: 교육부.

교육부 (1999), 평생교육백서 제3호, 서울: 교육부.

교육부 산업교육정책과 (2000), 전문계 고등학교 육성 대책 [보도자료], 서울: 교육부.

교육부, 노동부 (1999), 21세기 직업교육훈련의 발전전략.

교육부, 한국직업능력개발원 (2000), 2000년 전문계 고등학교 현황.

교육부, 한국교육개발원 (편) (1997), 통계로 본 미국교육, 교육부.

국제경제개발협력기구 (편) (1997), 청소년을 위한 직업교육훈련: 정책과 실천을 중심으로, 한국산업인력관리공단.

나승일 (1998b), 우리나라 직업교육행정 조직의 발전 방안에 관한 연구, 한국농업교육학회지, 30(4), 88-112.

나승일 · 정철영 · 김재식 (1999), 산업인력구조 고도화 지원촉진법 제정방안 연구, 서울: 교육부.

노종희 외 (1996), 교육제도론, 서울: 하우.

박기택 (2005), 2005학년도 중등교원 학습지도 연구대회 상업경제 교수 · 학습계획안, 경상남도 교육청.

박병량 · 주철안 (2001), 학교 · 학급경영, 학지사, p. 469.

박승형 (2004), 유아교사의 수업평가 도구개발 연구, 덕성여자대학교 대학원.

박인학 (1999), 교과교재 연구 및 지도법, 대왕사.

박완희 (1993), 교과교재 연구 및 지도법, 경성대학교 출판부.

박영숙 · 고전 (1998), 제7차 교육과정 위한 교원 인력구조 진단 및 대책연구, 서울: 한국교육개발원.

백형미 (2012), 상업정보교육 효율성 제고방안에 관한 연구, 조선대학교 교육대학원.

새교육공동체위원회 (2000), 지식기반사회의 교육공동체 구축을 위한 교육정책 보고서, 서울: 새교육공동체위원회.

이무근 (1999), 직업교육학 원론, 서울: 교육과학사.

이무근 외 (1997), 직업능력인증제 도입을 위한 정책 연구, 교육부 제출용 보고서.

이선주 (2005), 상업정보교육의 실태분석과 개선방안에 관한 연구, 신라대학교 교육대학원.

이용순 (1998), 고등학교 직업교육체제 및 교육과정 편성・운영 방안, 「고등학교 직업교육 방향 설정」을 위한 심포지엄 자료집, 서울: 한국직업능력개발원.

이용순 외 (1999), 직업 교육과정 국제 비교 연구, 서울: 한국직업능력개발원,

이윤식・최상근・허병기 (1994), 교사 양성 체제 개선방안 연구, 서울: 한국교육개발원.

이정표 외 (1999), 중등단계 직업교육과 자격제도의 연계방안 연구, 서울: 한국직업능력개발원.

이종성 외 (1998), 교육체제 개편에 따른 고등학교 직업교육 방향 설정에 관한 연구, 서울: 한국직업능력개발원.

임은미 외 (2013), 생활지도와 상담, 교육과학사.

오만복 (2011), 생활지도 및 상담, 정민사.

오은진 (2007), 학생에 의한 과학 수업평가를 위한 평가도구의 개발, 이화여자대학교 교육대학원.

오영훈・김기홍・신익현 (1998), 직업교육훈련 교원제도 개선방안 연구, 서울: 한국직업능력개발원.

옥준필 (1999), 전문계 특성화 고등학교의 발전방향, 직업교육훈련, 2(4), 28-34.

유현숙・김동석・이만희・김이경 (1999), 지식기반사회에서의 한국교육 정책방향과 과제, 서울: 한국교육개발원.

윤병희 외 (1996), 교육과정 국제비교 연구, 서울: 교육과정개정연구위원회.

윤정일・송기창・조동섭・김병주 (2000), 교육행정학원론, 학지사, p. 423.

장명희 외 (1998), 전문계 고등학교 교육과정 자율 운영 방안, 서울: 한국직업능력개발원.

——— (1999), 전문계 고등학교와 전문대학의 연계교육을 위한 운영체제 및 교육과정 모형 개발, 서울: 한국직업능력개발원.

장석민 외 (1996), 직업교육의 국제적 동향, 서울: 한국직업능력개발원.

정원식 외 (1993), 현대교육심리학, 교육출판사.

정철영 (1997a), 전문계 고등학교의 실태와 발전방향, 직업교육연구, 16 (1), 1-30.

——— (1997b), 전문계 고등학교의 성격 규정, 직업교육연구, 16(2), 35-50.

——— (1997c), 21세기의 직업기술교육체제와 개선방향, 새교육, 518, 58-65.

——— (1998), 직업기초능력과 국민공통 기본교육과정과의 연계, 교육월보, 7월호(통권 199호).

정철영 외 (1998), 직업기초능력에 관한 국민공통 기본교육과정 분석, 서울: 한국직업능력개발원.

——— (2000), 전문계 고등학교 교육체제 개편에 따른 교원 정책, 한국직업능력개발원.

——— (2000a), 각국의 고등학교 단계 직업교육 수준 및 교육환경 비교연구, 교육부 정책연구 과제 2000-29.

정철영 · 이광호 · 최현국 (1999), 통합형 고등학교 도입 방안에 대한 의견 조사, 서울: 교육부.

정태범 · 서정화 · 김명수 · 유위준 (1997), 교육과정 개정 관련 교원대책: 제7차 교육과정 개정 관련 교원양성, 연수, 교원수급 방안 연구, 충남: 한국교원대학교 교육과정 개정 연구위원회.

정태화 (1998), 선진국의 직업교육 개선방향과 시사점에 관한 연구, 직업능력개발연구, 창간호, 87-125.

——— (1999), 통합형 고등학교 도입방안, 「전문계 고등학교 종합대책 대토론회」 세미나 자료집.

——— (2000), 전문계 고등학교 및 전문대학의 인적자원개발 기능 강화, 제4차 KRIVET HRD 정책포럼 자료집, 서울: 한국직업능력개발원.

최희선 외 (1990), 교육과정 관련 교육관계법 국제비교연구: 선진국의 교육관리 및 교육과정 편제 · 운영체제, 교육부.

한국교육개발원 (1987), 미국의 교육개혁 : 미 · 일 교육협동연구 : 일본측 보고서, 한국교육개발원.

——— (1998a), 선진국 교육개혁의 최근 동향 : 미국, 영국, 프랑스,

독일, 일본을 중심으로, 서울: 한국교육개발원.
———— (1998b), 서울시 고등학교 교육발전 방안 탐색을 위한 주요국 고등학교 교육개혁 동향 분석.
한기수 (1992), 「기업윤리」의 교육에 관한 연구 : 우리나라와 미국의 교육실태를 중심으로, 연세대매지논총, 인문사회과학 9, 379-399.
허운나 · 김영옥 (편) (1998), 정보시대와 미국의 교육혁명, 교육과학사.

외국문헌

Barbara, L. L. (ed.) (1989), *Singapore: A Country study, Singapore: Library of Congress.*
Beare, H. & Slaughter, R. (1996), *Education for the Twenty-first century.* New York: Routledge.
Bottoms, G. (1993), *Redesigning and refocusing high school vocational studies: Blending academic and vocational education, connecting the school site to the worksite, and linking secondary and postsecondary education,* Atlanta, GA: Southern Regional Education Board.
Camp, W. G. (1983), Social efficiency revisited: a cornerstone of our foundation, The *Journal of the American Association of Teacher Educators in agriculture, 20*(3), 11-18.
Camp, W. G., & Hillison, J. H. (1983), Prosser's sixteen theorems: Time for a reconsideration, *Journal of Vocational and Technical Education, 1*(1), 5-12.
Chee, S. J. (1994), *Dare to change: An alternative vision for Singapore*, Singapore: Graffiti Printing.
Chorlton, W. (1994), *GNVQ: is it for you?* Hobsons Publishing PLC.
Committee on University Admission System (1999), *Preparing graduates for a Knowledge Economy: A new university admission system for Singapore*, Singapore : Ministry of Education.
Cookson Jr., P. W., et al.(Eds.)(1994), *International Handbook of Educational Reform*, New York: Greenwood Press.

Cordova, P., et al. (1995), *Teachers and trainers in vocational training, Vol. 1: Germany, Spain, France and the United Kingdom, Greece: European Centre for the Development of Vocational Training.*

Dayton, C. (1997) Net Impact of School-to-Work: Exploring Alternatives, in *Evaluation the Net Impact School-to Work.*

Department for Education and Employment, UK. (1999a), *Education and Training Statistics for the United Kingdom 1999 Edition.*

Department for Education and Employment, UK. (1999b), *Teacher vacancies: Provisional January 1999 Statistics.*

Department for Education and Employment, UK. (1999c), *Statistics of Education: Teachers England and Wales 1999 Edition.*

Department for Education and Employment, UK. (2000a), *Class sizes in maintained schools in England.*

Department for Education and Employment, UK. (2000b), *Pupil: Teacher rations in maintained schools in England.*

Department of Education and Employment, UK. (2000c), *Statistics of Education : Schools in England 2000.*

Department of Education and Employment, UK. (2000d), *Statistics of Education : Permanent Exclusions from Maintained School in England.*

Department of Statistics, Singapore (1998), *Yearbook of statistics Singapore, 1998.*

Department of Statistics, Singapore (2000a), *Singapore Standard Educational Classification 2000*, Singapore: Department of Statistics.

Department of Statistics, Singapore (2000b), *Yearbook of statistics 2000*, Singapore: Department of Statistics.

DfEE. (1998), *Education and Training in Britain.*

DfEE. (1995), *The school curriculum: A brief guide*, [On-line], Available: *http://www.open.gov.uk/dfee/schurric.htm.*

DfEE. (1996), *The national curriculum*, [On-line], Available: http://www.*dfee.gov.uk/nc/index.html.*

DfEE. (1997a), *Qualifying for success*, [On-line], Available: *http://www.open.gov.uk/dfee/qualify/foreword.htm.*

DfEE. (1997b), *Welcome to the DfEE's national record of achievement review home page*, [On-line], Available: http://www.open.gov.uk*/dfee/nra.htm.*

DfEE. (1998), *General national vocational qualifications: a brief guide*, [On-line], Available: http://www.open.gov.uk/dfee/*gnvq/gnvq.htm.*

Finch, C. R, & Crunkilton, J. R. (1999), *Curriculum development in vocational and technical education: Planning, content, and implementation* (5th ed.), Boston: Allyn and Bacon.

Finn Jr., C. E., Manno, B. V., & Bierlein, L. (1996), *Charter Schools in Action: What have we learned?*, Indianapolis, Ind.: Hudson Institute.

Gelzels, J. W. and H. A. Thelen (1960), "The Classroom Group as a Unique Social System", in N. B. Henry(ed.), *The Dynamics of Instructional Groups*," Chicago: University of Chicago Press, pp. 53-82.

Goodlad, J. I. (1984), *A Place Called Schoo*l, CA: McGraw-Hill.

Gopinathan, S. (1999a), Education and Human Resource Policies in Singapore, *Journal of Educational Planning and Adminstration, 13*(4), 391-410.

Gopinathan, S.(1999b), Preparing for the Next Rung: economic restructuring and educational reform in Singapore, *Journal of Education and Work, 12*(3), 295-308.

Gyosei Corporation (1994), *Education in Japan, Ministry of Education, Science, Sprots and Culture.*

Harris, A., Jamieson, I., & Russ, J.(1996), *School Effecetiveness and school improvement*, London: Pitman.

Heran, V. L., Sorensen, R. P., & Nieri, A. H. (1996), *Fostering enterpreunership through business incubation: The role and prospects of postsecondary vocational-technical education*, Berkeley, CA: National Center for Research in Vocational

Education.

Holt, G. et al. (1997), *Education in England and Wales: a guide to the system, National Foundation for Educational Research.*

Hopkins, D., Ainscow, M., & West, M. (1994), *School Improvement in an Era of Change*, London: Cassell.

Husen, T. (ed.) (1994), *The international encyclopedia of education*, 2nd ed. Oxford: Pergamon.

Itakura, Y. (1994), 일본 기술교육의 새로운 동향, 직업교육연구, 13 (2), 13–20.

Jenkins, J. M., et al. (Eds.) (1994), *World class schools*, Reston, VA: NASSP.

Kogan Page (1998), *British Qualifications 28th Edition.*

Kurian, G. T. (ed.) (1988), *World Education Encyclopedia, Vol. Ⅱ*. New York: Facts on file Publications.

Lee, Y. S. (1994), *Republic of Singapore: Education goals and priorities for the coming decade, In The Future of Education Policy: An Asian Pacific/North American Dialogue*. (ED 383 080).

Lynch, R. L. (1997), *Redesigning vocational and technical teacher education for the 21st century: Implications from the reform Literature*, Columbus, OH: Center on Education and Training for Employment.

Ministry of Education, Taiwan (1998a), *Education in the Republic of China, Ministry of Education*, Bureau of Statistics.

Ministry of Education, Taiwan (1998b), *Education Statistical indicators Republic of China*, Ministry of Education.

Ministry of Education, Science, Sports and Culture, Japan. (1999), Education in Japan 2000, Gyosei Corporation.

Ministry of Education, Singapore. (1972), *Education in Singapore*, 2nd ed. Singapore: Educational Publication Bureau.

Ministry of Education, Singapore. (1993), *Design & Technology for Lower Secondary*, Singapore : Ministry of Education.

Ministry of Education, Singapore. (1998a), *Content reduction for subject syllabus: Secondary Level*, Singapore: Ministry of Education.

Ministry of Education, Singapore. (1998b), *Syllabus for implementation from 1999: Computer Applications lower secondary*, Singapore: Ministry of Education.

Ministry of Education, Singapore. (1998c), *Syllabus for implementation from 1999: Computer Applications upper secondary*, Singapore: Ministry of Education.

Ministry of Education, Singapore. (1998d), *Syllabus for implementation from 1999: Home Economics lower secondary 1 and 2*, Singapore: Ministry of Education.

Ministry of Education, Singapore. (1998e), *Syllabus for implementation from 1999: Technical Studies lower secondary*, Singapore: Ministry of Education.

Ministry of Education, Singapore. (1998f), *Syllabus for implementation from 1999: Technical Studies upper secondary*, Singapore: Ministry of Education.

Ministry of Education, Singapore. (1999a), *Directory of schools and educational institutions*, Singapore: Ministry of Education.

Ministry of Education, Singapore. (1999b), *Education statistics digest 1999*, Singapore: Ministry of Education.

Ministry of Education, Singapore. (1999c), *MOE of Singapore*, [On−line], Available: *http://www1.moe.edu.sg/corporate.htm*.

Ministry of Education, Singapore. (2000a), *Education in Singapore: Moulding the future of our nation*, [On−line], Available: *http://www1.moe.edu.sg/educatio.htm*.

Ministry of Education, Singapore. (2000b), *Report of the committee on compulsory education in Singapore*, Singapore: Ministry of Education.

Ministry of Information and Arts, Singapore. (1995).

Ministry of Manpower, Singapore. (1999a), *Report on wages in Singapore 1999*, Singapore: Ministry of Manpower.

Ministry of Manpower, Singapore. (1999b), *Singapore yearbook of manpower statistics*, Singapore: Ministry of Manpower.

National Center for Education Statistics (1990), *National Post-secondary Student Aid Study*, U.S. Department of Education Office of Educational Research and Improvement.

National Center for Education Statistics (1992a), *Second Follow-Up and High School Transcript Files*, U.S. Department of Education Office of Educational Research and Improvement.

National Center for Education Statistics (1992b), *Vocational Education in the United States: 1969-1990*, U.S. Department of Education Office of Educational Research and Improvement.

National Center for Education Statistics (1994), *Public Secondary School Teacher Survey on Vocational Education*, U.S. Department of Education Office of Educational Research and Improvement.

National Center for Education Statistics (1999a), *1998 Revision of the Secondary School Taxonomy*, U.S. Department of Education Office of Educational Research and Improvement.

National Center for Education Statistics (1999b), *Occupational Programs and the Use of Skill Competencies at the Secondary and Post-secondary Levels*, U.S. Department of Education Office of Educational Research and Improvement.

National Center for Education Statistics (1999c), *Teacher Quility: a Report on the Preparation and Qualifications of Public School Techers*, U.S. Department of Education Office of Educational Research and Improvement.

National Center for Education Statistics (2000a), *Student Data Handbook for Elementary, Secondary, and Early Childhood Education: 2000 Edition*, U.S. Department of Education Office of Educational Research and Improvement.

National Center for Education Statistics (2000b), *The Condition of Education*, U.S. Department of Education Office of Educational Research and Improvement.

National Commission on Excellence in Education. (1983). *A nation at risk: The imperative for educational reform*. Washinton, DC: U.S. Government Printing Office.

National Institute of Education. (2000a). *Bachelor of Arts with diploma in education and bachelor of science with diploma in education (including specialisation in physical education) 2000–2001*.

National Institute of Education. (2000b). *General Information 2000–2001*.

National Institute of Education. (2000c). *NIE diploma programmes 2000–2001*.

National Institute of Education. (2000d). *Postgraduate diploma in education 2000–2001*.

National Institute of Education. (2000e). *Further Teacher Training Course*. [On-line]. Available: *http://www.nie.ac.sg:8000/~wwwnie/ftt.htmlx*.

National Institute of Educational Research. (1991). *Towards formulating goals, aims, & objectives of secondary education for the twenty-first century*. Final report of a regional seminar on goals, and objectives of secondary education in Asia and the Pacific. (ED 358 503).

National Taiwan Normal University (1998). *General Information, National Taiwan Normal university*.

Newcomb, L. H., McCracken, D. G., & Warmbrod, R. J. (1993). *Methods of teaching agriculture* (2nd ed.). Danville, IL: The Interstate Printers and Publishers.

Ngee, W. K. (1997). *Technical and vocational education in Singapore*. [On-line]. Available: *http://www-eng.tp.ac.sg/te/tves.htm*.

NOOSR (1996). *The National Office of Overseas Skills Recognition: Singapore*. [On-line]. Available: http://www.deet.au/noosr/*cep/singapore/index.htm*.

Oakes, J. (1985). *Keeping track: How schools structure inequality*. New Haven: Yale Univ. Press.

OECD (1994), *Vocational education and training for youth*, Paris: OECD Head of Publication Services.

Oliveira, J., & G. F. Pillay. (1992), *Training for new technologies in Singapore*. (ED 358 247).

Pinar, W. F., Reynolds, W. M., Slattery, P., & Taubman, P. M. (1995), *Understanding Curriculum*, New York: Lang.

Powell, A. G., Farrar, E. & Cohen, D. K. (1985), *The shopping Mall High School: Winners and Losers in the Educational Marketplace*, Boston, MA: Houghton Mifflin.

QCA (1997), *Classics in the Curriculum*.

QCA (1998), *Learning from Work Experience*.

QCA (1999a), *Part One GNVQ: Career Education and Guidance Strategy*.

QCA (1999b), *Part One GNVQ handbook*.

Rahim, L. Z. (1998), *The Singapore dilemma: The political and educational marginality of the Malay community*, Singapore: Oxford University Press.

Review Committee, Singapore. (1991), *Improving primary school education*.

Schmidt, B. J., Finch, C. R., & Moore, M. (1997), *Facilitating School-to-Work Transition: Teacher Involvement and Contributions*, CA: National Center for Research in vocational Education.

Selvaratnam, V. (1989), Vocational education and training: Singapore and other Third World initiatives, *Singapore Journal of Education*, *19* (2), 11-24.

Seng, D. L. S. (2000), *Dynamics and challenges of a vocational training system: The Singapore Experience*.

Singapore Infomap. (2000), *Education*, [On-line], Available: *http://www.sg/flavour/profile/pro-education.html*.

Singapore Polytechnic. (2000), *Singapore Polytechnic: Prospectus 2000/2001*, Singapore : Singapore Polytechnic.

Sizer, T. R. (1984), *Horace's compromise: The dilemma of the American high school*, Boston: Houghton Mifflin.

Slaughter, R. (Ed) (1996), *New thinking for a new millenium*, New York: Routledge.

Soon, T. W. (1988), Singapore's new education system: Education reform for national development, Singapore: Institute of Southeast Asian Studies.

Stern, D. (1992), *School-to-Work Programs and Services in Secondary schools and two-year public postsecondary institutions*, Paper prepared for te National Assessment of Vocational Education, Berkerly: University of California at Berkerly, School of Education.

Stern, D., et al. (1994), *Research on School-to-Work Transition Programs in the United States*, CA: National Center for Research on Vocational Education.

Tan, J., Gopinathan, S., & Kam, H. W. (ed.) (1997), *Education in Singapore: A book of Readings*, Singapore: Prentice Hall.

Tooley, M. (1999), *Engineering GNVQ: Intermediate*, Butterworth-Heinemann.

U.S. Department of Education (1992), *Second follow-up and high school transcript files: National education longitudinal study*, National Center for Education Statistics.

UNEVOC (1997), *Training of Teachers/Trainers in Technical and Vocational Education*: ED-97/WS-58.

UNEVOC. (1999), *Trends in articulation arrangement for technical and vocational education in the south east Asian region*, 21-25.

United States Department of Education (1994), *Tech Prep and school-to-Work opportunities information bulletin*, Wachington: U.S.Dept. of Education.

Viswanathan, S. (1994), *Innovations in higher education: Singapore at the competitive edge*, Washington D.C.: The World Bank.

Vocational & Industrial Training Board. (1991), *Upgrading vocational training*, Singapore: VITB.

Whitear, G. (1995), *The NVQ & GNVQ Handbook: and guide to career success*, London: Pitman Publishing.

Wragg, T. (1986), *The Education Roadshoe-An Action Guide for Parents*, BBC Publications.

부　　록

1. 연구수업 평가표

일 시	년 월 일 교시	수업과목		수업교사	
대 상	제 학년	반	명	참관교사	인

번 호	평 가 문 항	점 수
1	학습목표를 구체적이고도 분명하게 제시하고 있는가?	1 2 3 4 5
2	선행학습과 본시학습의 연결이 자연스러운가?	1 2 3 4 5
3	학습내용을 쉽고 재미있게 핵심내용을 지도하고 있는가?	1 2 3 4 5
4	교사의 예문 · 예시가 적절하게 제시되었는가?	1 2 3 4 5
5	형성평가가 적절히 이루어지고 있는가?	1 2 3 4 5
6	학생의 잘못 응답한 것에 대한 인정과 수정은 적절한가?	1 2 3 4 5
7	어휘선택이 적절하고, 학생의 이해 여부를 계속 확인하고 있는가?	1 2 3 4 5
8	교수행동은 교사 · 학생의 상호협조 속에 이루어 지고 있는가?	1 2 3 4 5
9	판서는 구조화되고 수업목표 달성에 도움이 되는가?	1 2 3 4 5
10	예 · 복습이 잘 형성되고, 노트정리는 중단되지 않는가?	1 2 3 4 5
11	학습분위기가 잘 조성되어 있는가?	1 2 3 4 5
12	도입 · 전개 · 정리 및 학습요항별 시간안배가 적절한가?	1 2 3 4 5
13	필요한 단계의 탈락이나 필요한 단계의 삽입은 없는가?	1 2 3 4 5
14	우수학생중심이거나 소외학생은 존재하지 않는가?	1 2 3 4 5
15	불필요하면서도 과장 · 전시적인 수업매체는 없었는가?	1 2 3 4 5
16	학생과 교사의 음성이 적정하고 표준어를 사용하고 있는가?	1 2 3 4 5
17	수업을 통해 정의적인 면이 시도되고 있는가?	1 2 3 4 5
18	수업의 진도가 연간 계획에 따라 진행되고 있는가?	1 2 3 4 5
19	수업종료시 학습내용을 명료하게 요약해 주고 있는가?	1 2 3 4 5
20	필요한 가정학습과제가 적절히 제시되고 있는가?	1 2 3 4 5
총 람		총 ( )점

매우 일치하면 5, 대치로 일치하면 4, 조금 관련이 있으면 3, 그저 그렇다 인정되면 2, 거의 일치하지 않으면 1에 체크하여 주십시오.

2. 수업참관요령

구분	항목	관점
학습지도	-수업목표 -수업단계 -수업형태 -지도계획 -평가계획	-수업목표가 명확하고, 교육과정의 요구에 적당한가? -필요한 단계의 삭제와 불필요한 단계의 삽입이 있는가? -수업방법형태가 다양성이 있는가? -시간계획이 적정하게 되어 있는가? -수업목표와 일치하는 적절한 계획이 수립되어 있는가?
전개	-사고판단 -자발성 -동기유발 -전원활동 -목표 일관성 -개인차고려 -평가반성	-사고력과 가치판단을 높이는 학습전개인가? -자발성을 존중하는 전개인가? -학습의욕을 높이고 학습 분위기가 조성되었는가? -우수학생중심, 무활동 또는 탈락학생은 없는가? -목표가 명확하고 일관성이 있는가? -개인차를 고려한 단계적인 지도인가? -평가반성이 학습 직후에 이루어지는가?
시간	-도입시간 -분절지도시간 -종료시간	-도입단계의 시간이 적정 한가? -사고단계의 적절한 시간이 고려되었는가? -계획한 시간 내에 수업이 종료되었는가?
교수내용	-전시학습상기 -핵심지도 -학습량 -응용 -평가	-전시문제점의 내용을 알려주고 내용을 상기 시켰는가? -정착시키고자 한 지도내용은 단원의 핵심인가? -정착시키고자 한 지식의 양은 적정한가? -적당한 시기에 이루어 졌는가? -결과의 평가를 시켰는가?
교사의 발언	-발언유형 -침묵시간 -발문의 질 -발언유형 -열등감, 칭찬 -발언의 명확 -정리 발언	-교사발언이 어느 유형에 편중되지 않았는가? -침묵시간이 적절하게 주어지는가? -일문 다답식의 풍부한 발상을 고려한 발문인가? -수여 요구확인 발문이 이상적으로 되어 있는가? -창피를 주는 발언은 없으며 칭찬 발언은 적당한가? -내용 어조 어감이 명확한가? -정리 발언이 잘 되었는가?

3. 실 습 일 지

(앞 면)

<table>
<tr><td colspan="2">20 년 월 일 요일</td><td>지도
교사</td><td></td><td>부장</td><td></td><td>교감</td><td></td></tr>
<tr><td>직원
회의</td><td colspan="7"></td></tr>
<tr><td>생활
지도</td><td colspan="3">① 주번활동
② HR활동</td><td colspan="4">③개별지도
④학생관찰</td></tr>
<tr><td rowspan="2">학습
지도</td><td colspan="3">수 업 실 시</td><td colspan="4">수 업 참 관</td></tr>
<tr><td colspan="3">1. 단원명
2. 대상 학년 반
3. 수업분위기 및 반성</td><td colspan="4">1. 지도교사
2. 단원명
3. 참관소감</td></tr>
<tr><td>연수회
및
협의회</td><td colspan="7"></td></tr>
<tr><td>지도
교사의
조언</td><td colspan="7"></td></tr>
<tr><td>반성</td><td colspan="7"></td></tr>
<tr><td>기타</td><td colspan="7"></td></tr>
</table>

(뒷 면)

구 분	항 목	관 점
수업 매체	-종류와 수 -질과 내용 -제시의 위치 -효율성 -활용방법	-자료 및 교구와 종류의 수는 적절한가? -정선된 자료이며, 특히 통계자료는 정확한가? -제시의 위치는 전 학생이 잘 보이는가? -판서하는 것이 더 좋다고 생각되는 자료는 아닌가? -적기에 제시하고 그 방법은 적절한가?
판서	-판서형식 -색분필 -정확성 -글자의 크기 -학습자의 주체성을 살린 판서 -판서의 위치	-기호 및 도표 등으로 잘 요약된 판서인가? -적당한 색분필을 사용하였는가? -오탈자는 없는가? -글자의 크기가 적당한가? -학생이 발언한 내용을 정리하는 판서인가? -위치는 적당한가?
기타	-노트의 정리	-개별지도를 하고 있는가?

4. (   )과 연구수업 협의록

20 년 월 일

<table>
<tr><td>일 시 요 일</td><td colspan="3">20 년 월 일 요일 (   )교시</td></tr>
<tr><td>지 도 교 사</td><td></td><td>대 상</td><td></td></tr>
<tr><td>협의회참석자</td><td></td><td>협의회
장 소</td><td></td></tr>
<tr><td>1. 지도교사
반 성</td><td colspan="3"></td></tr>
<tr><td>2. 질의응답</td><td colspan="3"></td></tr>
<tr><td>3. 참관자
소감 및
협 의</td><td colspan="3"></td></tr>
<tr><td>4. 지도조언</td><td colspan="3"></td></tr>
</table>

5. 수업참관기록표

20　　년　　월　　일　　요일 (　　　)교시

<table>
<tr><td>수업
과목</td><td colspan="4"></td><td>발표자</td><td></td></tr>
<tr><td>학년</td><td colspan="2">학년　　　반</td><td>학생수</td><td></td><td>지도교사</td><td></td></tr>
<tr><td colspan="2"></td><td colspan="5"></td></tr>
<tr><td rowspan="4">수업
진행</td><td>도 입</td><td colspan="5"></td></tr>
<tr><td>전 개</td><td colspan="5"></td></tr>
<tr><td>정 리</td><td colspan="5"></td></tr>
<tr><td>평 가</td><td colspan="5"></td></tr>
<tr><td rowspan="2">평가</td><td>목표설정과
내용전개</td><td colspan="5"></td></tr>
<tr><td>교사와
학생간의
상호작용</td><td colspan="5"></td></tr>
<tr><td>소감</td><td colspan="6"></td></tr>
</table>

6. 교육실습평가사정표

<table>
<tr><td colspan="2">실습학교</td><td colspan="2">실습학교장성명인</td><td colspan="2">지도교성명인</td></tr>
<tr><td colspan="2">학교</td><td colspan="2">(인)</td><td colspan="2"></td></tr>
<tr><td>교장성명</td><td>성별</td><td colspan="2">소속 및 학번</td><td colspan="2">배속학급</td></tr>
<tr><td></td><td>남 여</td><td colspan="2">학부 과 제 학년 학번</td><td colspan="2">제 학년 반</td></tr>
<tr><td>항목</td><td>목표</td><td>학 습 내 용</td><td>개평</td><td>소견</td><td>부기</td></tr>
<tr><td rowspan="2">1. 참관</td><td>A.참관태도</td><td>1. 학생 및 교사의 활동에 지장유무
2. 참가에 대한 흥미와 열의
3. 객관적이고 과학적인 관찰태도</td><td></td><td>성실
보통
태만</td><td></td></tr>
<tr><td>B.참관내용</td><td>1. 학습활동의 관찰
2. 학생의 생활실태의 관찰
3. 학생의 행동적 특성의 관찰
4. 학급 및 학교경영의 관찰
5. 교육환경의 관찰</td><td></td><td>성실
보통
태만</td><td></td></tr>
<tr><td rowspan="3">2.학습 지도</td><td>A.지도계획 입안</td><td>1. 교재연구
2. 지도목표의 파악여부
3. 피교육자의 흥미와 능력의 고려
4. 학습지도안의 주도면밀한 작성
5. 환경정리, 교구, 교편물의 준비활용</td><td></td><td>면밀
적정
보통
조잡</td><td></td></tr>
<tr><td>B.지도기능</td><td>1. 동기유발
2. 효과적 활동의 학습전개
3. 학습과정과 각 단계 지도의 적절조정
4. 집단학습, 개별지도
5. 언어, 태도,거동, 판서 등</td><td></td><td>적정
교묘
보통
부당
졸열</td><td></td></tr>
<tr><td>C.평 가</td><td>1. 평가 결과 및 방법의 적부
2. 평가결과의 정리와 활용
3. 성적물의 처리</td><td></td><td>객관적
보 통
주관적</td><td></td></tr>
<tr><td rowspan="2">3.학급 경영</td><td>A.각종지도</td><td>1. 학생의 장학 및 이해 지도
2. 금훈에 상응한 훈육</td><td></td><td>원만
보통
무리</td><td></td></tr>
<tr><td>B.환경정비</td><td>1. 물심양면의 학습환경의 정돈 미화
2. 위생적 고려, 통풍, 채광, 청소 등
3.학급사무처리</td><td></td><td>주도
보통
소홀</td><td></td></tr>
</table>

<table>
<tr><td>4. 근무상황</td><td>결과지수
지각 조퇴
결석일수</td><td colspan="4">1. 배정 부과된 시간 참관 및 지도열의
2. 근무의 시작 및 종료시간의 엄수여부
3. 학교의 정상근무 및 제반행사의 참여</td><td></td><td>근면
보통
태만</td><td></td></tr>
<tr><td>5. 학교경영</td><td>경영업무
참여도</td><td colspan="4">1. 각종연구회, 협의회, 발표회의 참가
2. 당번근무, 교구의 정리, 고안활동</td><td></td><td>성실
보통
태만</td><td></td></tr>
<tr><td>6. 연구기타</td><td>교외조사
지도 연구물</td><td colspan="4">1. 가정과의 연락활동
2. 교육 사회학적인 지역환경 실태파악
3. 부여과제
4. 기타 연구활동</td><td></td><td>적극적
보 통
소극적</td><td></td></tr>
<tr><td></td><td></td><td colspan="4">계</td><td></td><td></td><td></td></tr>
<tr><td rowspan="2">교사로서
자질</td><td rowspan="2">1. 건강용의
2. 언어태도
3. 교육적식견
4. 적극성</td><td rowspan="2">5. 지도성협동성
6. 명랑성적응성
7. 성실성책임감
8. 적극성창의성</td><td rowspan="2">교사
로서의
적부 및
인물개평</td><td rowspan="2">근
무
상
황</td><td>출석해야
할 일수</td><td>수업담당
시수</td><td colspan="2">근무개평</td></tr>
<tr><td></td><td></td><td colspan="2"></td></tr>
<tr><td>총점</td><td colspan="8"></td></tr>
</table>

찾아보기

저자약력

- **안범진** (安範珍)

창원대학교 대학원 경영학박사
현) 경남대학교 경영학부
강의전담 교수

[저서]
회계기초, 도서출판 영민, 2008.
기업회계 2급, 도서출판 다음, 2008.

- **구교봉** (具教鳳)

경남대학교 대학원 경영학박사
현) 경남대학교 e-비즈니스학과
강의전담 교수

[저서]
유비쿼터스 시대의 전자상거래와 창업 (공저), 탑북스, 2011.
소셜네트워크를 활용한 전자상거래 (공저), 탑북스, 2013.

저자와의
협의하에
인지생략

상업정보교과교재 및 연구법[제2판]

2014년 8월 20일 1판 1쇄 발행
2021년 8월 30일 2판 1쇄 발행

저 자 안 범 진 · 구 교 봉
발행인 김 광 식
조 판 아 람 기 획

07285
발행처 서울특별시 영등포구 선유로 3길 10. 617호
도서출판 **탑 북 스**
등 록 2009.12.21 제 2016-000101 호
전 화 02)365-2223 팩스 02)365-2224

정가 17,000 원

ISBN 979-11-90247-47-4-93320